Μεταξύ Φόβου και Ελπίδας

η πειθαρχία της ενοποίησης

Νίκος Αρίδας

Στην αγαπημένη μου,
που πίστεψε σε μένα,
ακόμη κι όταν εγώ δεν πίστευα πια.

Στους γιους μου,
που μου έδωσαν τον σκοπό που χρειαζόμουν.

Σε όλους όσοι με διαμόρφωσαν.

Και στην υπόσχεση
που έδωσα στον εαυτό μου.

ΕΠΙΣΤΟΛΕΣ – αυτό που με διαμόρφωσε

- Προς τους Προγόνους μου
- Προς τους Γονείς μου
- Προς την Αγαπημένη μου
- Προς τους Γιους μου
- Προς τους Φίλους μου
- Προς τους Εχθρούς μου
- Προς τον Νεότερο Εαυτό μου
- Προς το Εσωτερικό μου Συμβούλιο

ΤΟ ΕΝΔΙΑΜΕΣΟ – πώς διαμόρφωσα τον κόσμο μου

- Φόβος και Ελπίδα
- Λόγος και Διαίσθηση
- Ισχύς και Εγκράτεια
- Θυμός και Συγχώρεση
- Επικοινωνία και Σύνδεση
- Ελευθερία και Ευθύνη
- Συστήματα που Υπηρετούν και Συστήματα που Κατασπαράζουν
- Κληρονομιά και Συνέχεια
- Γνώση και Σοφία
- Επιστήμη και Πνευματικότητα

ΠΡΟΣ ΤΟΥΣ ΠΡΟΓΟΝΟΥΣ ΜΟΥ

Δεν γεννήθηκα στην αρχή.

Μπήκα στη μέση της ιστορίας -
στη μέση της καταιγίδας,
στη μέση της διαμάχης -
ανάμεσα σε δυνάμεις αρχαιότερες από τη μνήμη.

Πριν από μένα, άνθρωποι χάραξαν ονόματα στην πέτρα
και το ονόμασαν μονιμότητα.

Πριν από μένα, άλλοι άνθρωποι έκαψαν την ίδια πέτρα και το
ονόμασαν πρόοδο.

Είμαι η συνέχεια και των δύο -
των δημιουργών και των καταστροφέων.

Οι ελπίδες και οι φόβοι σας.

Τα ανολοκλήρωτα έργα σας και οι μεγαλύτεροι θρίαμβοί σας.
Οι νίκες σας που υμνήθηκαν.
Ο θάνατός σας που θρηνήθηκε.

Δεν είστε σύμβολα ούτε αρχέτυπα.

Είστε πραγματικοί - και ζωντανοί μέσα μου.

Άνδρες και γυναίκες που διαπραγματεύονταν την επιβίωση με τα
εργαλεία της εποχής τους.

Κάποιοι δημιούργησαν, κάποιοι κατέστρεψαν -
και κάποιοι έκαναν και τα δύο.

Κάποιοι άντεξαν, κάποιοι λύγισαν - όχι από αδυναμία,
αλλά από το βάρος.

Κάποιοι άφησαν πίσω τους φωνή.

Άλλοι, σιωπή.

Τα ένιωσα και τα δύο.

Υπήρξαν χρόνια που ήθελα να σας ξεφύγω -
να πιστέψω ότι είμαι αυτοδημιούργητος.
Αυτοδιαμορφωμένος.

Αυτοκαθοριζόμενος.

Είναι η ανοησία της νιότης να πιστεύει κανείς πως μπορεί να
ξεφύγει από τον εαυτό του.
Κι όμως, έτσι έμοιαζε πιο καθαρό.
Πιο απλό.

Αλλά η κληρονομιά δεν είναι θηλιά - είναι αλυσίδα.

Είναι βαρύτητα που σε τραβά, είτε το αναγνωρίζεις είτε όχι.

Πάλεψα με τον θυμό σας και την περηφάνια σας -
όπως πάλεψα και με τα δικά μου.

Με τον φόβο σας για αφανισμό και το
ένστικτό σας για κυριαρχία.

Με την ανθεκτικότητά σας...
την άρνηση να καταρρεύσετε όταν θα ήταν πιο εύκολο.

Μου μάθατε τη δύναμη - αλλά όχι πώς να τη συγκρατώ.
Μου μάθατε την πίστη - αλλά όχι πώς να την κρίνω.
Μου μάθατε την επιβίωση - αλλά όχι πώς να υποχωρώ όταν ο
κίνδυνος είχε περάσει.

Στέκομαι μπροστά σας όχι ως κριτής, αλλά ως συμμέτοχος.
Διασχίσατε τα δικά σας στενά και μεταφέρατε τη φωτιά μέσα
στους αιώνες.

Τώρα καίει μέσα μου -
κλεμμένη από τους θεούς και δοσμένη σε έναν θνητό.

Το δικό μου καθήκον είναι να τη φροντίσω -
να αποφασίσω τι θα συνεχιστεί και τι θα τελειώσει με εμένα.

Αυτό δεν είναι προδοσία.
Είναι εξέλιξη - με μνήμη.

Τιμώ τις θυσίες σας και σας απελευθερώνω
από τις υποχρεώσεις σας.

Δεν είμαι ούτε η ηχώ σας ούτε η εξέγερσή σας.

Είμαι η επόμενη ενοποίηση.

ΠΡΟΣ ΤΟΥΣ ΓΟΝΕΙΣ ΜΟΥ

Διασχίσατε ωκεανούς με λίγο παραπάνω από φόβο και ελπίδα.

Την ελπίδα για μια καλύτερη ζωή, πιο δυνατή
από τον φόβο του αγνώστου.

Αυτό είναι ένα θάρρος που οι περισσότεροι άνθρωποι δεν θα
γνωρίσουν ποτέ.

Τα μυαλά σας ήταν κοφτερά, αλλά δουλέψατε εκεί όπου
χρειάζονταν τα σώματά σας.

Αντέξατε όσα εγώ δεν χρειάστηκε ποτέ να αντέξω και μου δώσατε
μια σταθερότητα που εσείς δεν γνωρίσατε.

Γι' αυτό σας τιμώ.
Όχι με λόγια, αλλά με πράξεις.

Κρατήσατε την Ελλάδα ζωντανή στο σπίτι μας, μιλώντας τη
γλώσσα μας για να τη μάθουμε.

Ακόμη κι αν αυτό έγινε εις βάρος των δικών σας αγγλικών.

Μας στείλατε στο σχολείο όταν άλλα παιδιά έπαιζαν.
Στην εκκλησία, σε γιορτές, σε χορούς γεμάτους μουσική, χαρά και
κοινή μνήμη.

Φροντίσατε να ξέρουμε από πού ερχόμαστε.

Αυτή είναι η μεγαλύτερη κληρονομιά που μπορούσατε
να μας δώσετε.

Περπάτησα τον δρόμο που ανοίξατε.

Εργοστάσια.
Αντλίες βενζίνης.
Βαν διανομών.
Βοηθός κουζίνας.

Η δουλειά που γνωρίζατε πολύ καλά.
Σκληρή εργασία με μικρή ανταμοιβή.

Η δουλειά που έχτισε σταθερό έδαφος, όχι κινούμενη άμμο.

Αλλά δεν σταμάτησα εκεί.

Είδα έναν πιο ανοιχτό ορίζοντα και σας ζήτησα να τον δείτε
μαζί μου.

Επιλέξατε να μην το κάνετε.

Ίσως ήσασταν κουρασμένοι.
Ίσως ήσασταν ικανοποιημένοι.
Ίσως είχατε ήδη δώσει τις μάχες που ήσασταν διατεθειμένοι
να δώσετε.

Εγώ ήθελα επέκταση.
Εσείς θέλατε ασφάλεια.

Κανένα από τα δύο δεν είναι λάθος - μόνο διαφορετικά.

Παρερμήνευσα τα όριά σας ως μετριότητα - αυτό ήταν δικός μου
περιορισμός, όχι δικός σας.

Τώρα καταλαβαίνω.

Υπήρχαν σύνορα που δεν θα διασχίζατε -
και χώροι πολύ ξένοι για να μπείτε.

Μπήκα με τόλμη και το αναγνωρίσατε.

Αλλά αυτό δεν μου ήταν αρκετό.
Ήθελα να σας δω να προχωράτε κι εσείς.

Αυτό που ξεκίνησε ως απόσταση έγινε χάσμα.

Δεν περιμένω πια να γίνετε κάτι που δεν είστε.

Είστε το θεμέλιό μου.
Έχτισα πέρα από αυτό - όπως ελπίζατε.

Θα μιλώ πάντα τη γλώσσα που μου δώσατε.

Και η μουσική της - ιδιαίτερα τα ρεμπέτικα -
εκφράζει μέσα μου κάτι που τίποτα άλλο δεν μπορεί.

Συχνά μέχρι δακρύων.

Πάντα μέχρι τον χορό.

ΠΡΟΣ ΤΗΝ ΑΓΑΠΗΜΕΝΗ ΜΟΥ

Υπήρξε μια εποχή που πίστευα πως η δύναμη σήμαινε να
στέκεσαι αμετακίνητος.

Να κερδίζεις τον καβγά.
Να κρατάς τη θέση σου.
Να αποδεικνύεις το δίκιο σου.

Η φιλοδοξία ανταμείβει αυτή τη στάση -
και ο κόσμος συχνά το ίδιο.

Η αγάπη όχι.

Η αγάπη αποκαλύπτει το κόστος του να έχεις δίκιο, διδάσκοντας
ότι η νίκη μέσα σε μια ένωση είναι ήττα μεταμφιεσμένη.

Κάθε καβγάς που κερδίζεται εις βάρος του δεσμού γίνεται πληγή.

Έπρεπε να μάθω ότι η αγάπη δεν μπορεί να είναι αντιπαράθεση...
ούτε διαμάχη... ούτε διαπραγμάτευση εδάφους.

Ούτε διαγωνισμός για το ποιος θα κατακτήσει το
υψηλότερο έδαφος.

Είναι πειθαρχία.

Να σταματώ όταν η περηφάνια τσιμπά και ο θυμός βράζει...
πριν ειπωθούν λόγια που δεν παίρνονται πίσω.

Να προστατεύω τον δεσμό - όποιο κι αν είναι το κόστος για το εγώ
και τη βεβαιότητα του δίκιου.

Ποτέ δεν μου ζήτησες να μικρύνω.
Μου ζήτησες να είμαι πιο σταθερός.

Υπάρχει διαφορά.

Η δύναμη είναι εύκολη όταν στρέφεται απέναντι στον κόσμο.
Στο σπίτι, πρέπει να είναι κάτι άλλο.

Η φιλοδοξία μας μαθαίνει πώς να ακονίζουμε τη λεπίδα.

Η αγάπη μας μαθαίνει πότε να μην τη βγάζουμε.

Υπήρξαν στιγμές που και οι δύο θέλαμε να κερδίσουμε -
άλλωστε, καταγόμαστε από πολεμιστές και Αμαζόνες.

Σε εκείνες τις στιγμές, η αγάπη μας κατακλυζόταν -
παραλίγο να ναυαγήσει.

Η σύνεση παραμερίστηκε για την κυριαρχία - και ήταν η
εμπιστοσύνη που πληγώθηκε.

Η εμπιστοσύνη, όταν ραγίσει, σπάνια επιστρέφει αμετάβλητη.

Ο γάμος δεν είναι η συγχώνευση δύο σκιών.
Είναι η ενοποίηση δύο βουλήσεων.

Όχι η μία να υπερισχύει της άλλης.
Όχι η μία να διαλύεται μέσα στην άλλη.

Ευθυγράμμιση και επανευθυγράμμιση - μια κοινή κατεύθυνση,
που τίθεται ξανά και ξανά.

Ο κόσμος μιλά για το πάθος ως φωτιά.

Αυτό που αντέχει είναι η σταθερότητα.

Η επίμονη απόφαση να μην αφήσεις τη διαφορά να
γίνει απόσταση.

Και κάπου ανάμεσα στην αντοχή και την απόγνωση,
ανάμεσα στην περηφάνια και την υπομονή,
ανάμεσα στην παρόρμηση και την αυτοσυγκράτηση -

έμαθα τι πραγματικά σημαίνει αφοσίωση.

Η αγάπη είναι η καταιγίδα.
Η επιστροφή είναι ο όρκος.

ΠΡΟΣ ΤΟΥΣ ΓΙΟΥΣ ΜΟΥ

Υπήρξε μια εποχή που πίστευα πως η πατρότητα
σήμαινε προστασία.

Να στέκομαι ανάμεσά σας και τον κόσμο σαν κολοσσός.

Να προβλέπω κάθε απειλή -
να απορροφώ κάθε πλήγμα πριν φτάσει σε εσάς.

Αλλά έμαθα ότι η προστασία είναι προσωρινή -
η προετοιμασία διαρκεί.

Ο κόσμος στον οποίο μπαίνετε είναι πιο θορυβώδης και ακόμη πιο
επικίνδυνος από εκείνον που γνώρισα.

Πιο αποσπασμένος από ανοησίες.
Πιο τυφλωμένος από τη μισαλλοδοξία.
Πιο πρόθυμος να διαλέγει πλευρές παρά να τις κατανοεί.

Είστε προετοιμασμένοι για τον κόσμο - ακόμη και για αυτόν.

Αυτό που απομένει είναι η προετοιμασία του εαυτού σας.

Από εσάς θα απαιτηθεί δύναμη -
η επιτυχία θα μετρηθεί και η απόδοση θα καταγράφεται.

Ο χαρακτήρας όχι.

Θα υπάρξει πίεση να συγχέετε τη γνώση με τη σοφία.
Να υιοθετείτε την αγανάκτηση ως ταυτότητα.

Να αναζητάτε την ευτυχία στα υλικά πράγματα.

Μην γίνετε αντιδραστικοί σε μια εποχή που το ανταμείβει.
Μην παραδώσετε την κρίση σας στο πλήθος.

Το καθήκον δεν είναι να κερδίσετε τον καβγά -
αλλά να διατηρήσετε την ακεραιότητά σας.

Τα ψέματα παίρνουν το ασανσέρ.
Η αλήθεια ανεβαίνει από τις σκάλες.

Συγκεντρώστε τα γεγονότα πριν κρίνετε.
Και όταν κρίνετε, αφήστε χώρο για έλεος -
μπορεί μια μέρα να εξαρτηθείτε από αυτό.

ΠΡΟΣ ΤΟΥΣ ΦΙΛΟΥΣ ΜΟΥ

Υπάρχουν άνδρες με τους οποίους γελάω.

Και υπάρχουν άνδρες που εμπιστεύομαι τη ζωή μου -
και τη γυναίκα μου.

Η διαφορά δεν είναι η διασκέδαση.

Είναι ο χαρακτήρας.

Χαρακτήρας είναι ο άνθρωπος που σου λέει όταν έχεις άδικο -
και στέκεται δίπλα σου όταν το καταλάβεις.

Ένας φίλος δεν σε κολακεύει ιδιωτικά και μετά
εξαφανίζεται δημόσια.

Δεν ανταγωνίζεται την επιτυχία σου ούτε αποσύρεται από την
αποτυχία σου.

Σε διορθώνει... και μετά στέκεται.

Ένας φίλος μοιράζεται τις συνέπειες.

Αν λείπω, μένεις.
Αν πέσω, δεν σκορπίζεις.

Η πίστη δεν γυρίζει την πλάτη - η ευκολία το κάνει.

Η αληθινή φιλία δεν είναι βολική.

Απαιτεί θυσία - και έναν άγραφο κώδικα, που τιμάται.

Η μητέρα μου επαναλάμβανε συχνά μια παλιά
ελληνική παροιμία:

Πες μου ποιοι είναι οι φίλοι σου,
να σου πω ποιος είσαι.

Μου πήρε χρόνια να καταλάβω πόσο αληθινό είναι αυτό.

Δεν διαμορφωνόμαστε μόνο από αυτά που πιστεύουμε,
αλλά και από την παρέα που κρατάμε.

ΠΡΟΣ ΤΟΥΣ ΕΧΘΡΟΥΣ ΜΟΥ

Δεν ήσασταν ποτέ η πραγματική σύγκρουση.

Ήσασταν η δοκιμασία μου.

Ο δάσκαλός μου.

Αυτό που εξοργίζει έναν άνθρωπο μπορεί να τον οξύνει.

Αν μείνει ανεξέλεγκτο, σκληραίνει σε μίσος.
Και το μίσος βλάπτει τους πάντες.

Κάποτε πίστευα πως η εκδίκηση θα μου έφερνε ειρήνη.

Βάθυνε την πληγή -
και με έδεσε μαζί σας πολύ μετά το τέλος του λογαριασμού.

Η ειρήνη άρχισε τη μέρα που σταμάτησα να χρειάζομαι
να πληρώσετε.

Δεν με νικήσατε.

Με ακονίσατε.

Και γι' αυτό, όχι μόνο σας συγχωρώ - σας ευχαριστώ.

Η βουδιστική σοφία το εκφράζει απλά:

Ο εχθρός σου είναι ο μεγαλύτερος δάσκαλός σου.

Είναι ένα δύσκολο μάθημα.

Αυτοί που μας αντιτίθενται πιο έντονα συχνά αποκαλύπτουν όσα δεν έχουμε ακόμη κατακτήσει μέσα μας.

ΠΡΟΣ ΤΟΝ ΝΕΟΤΕΡΟ ΕΑΥΤΟ ΜΟΥ

Δεν ήξερες πού ανήκεις.

Πολύ Έλληνας για την Αυστραλία -
πολύ Αυστραλός για την Ελλάδα.

Φορούσες το επίθετό σου σαν Στίγμα - και κατάπινες
προσβολές πριν αποκτήσεις τη γλώσσα ή το θάρρος
να απαντήσεις.

Έμαθες νωρίς ότι η αποδοχή ήταν υπό όρους - κι έτσι
προσπάθησες να γίνεις αρκετά δυνατός ώστε να μη σε νοιάζει.

Αποσύρθηκες στα βιβλία και σε φανταστικούς κόσμους.

Οι ιστορίες ήταν καθολικές -
αλλά ο Όλυμπος ένιωθες πως ήταν το σπίτι σου.

Σε έκαναν να νιώθεις συνδεδεμένος με κάτι αιώνιο -
ότι δεν ήσουν μόνος.

Η απόσταση σε προστάτευσε - αλλά σε απομόνωσε κιόλας.

Κάποια στιγμή συνειδητοποίησες ότι το να είσαι διαφορετικός
δεν ήταν αδυναμία.

Ήταν πλεονέκτημα.

Έμαθες τη μαγεία του χαμαιλέοντα.
Του κορακιού.

Του κογιότ -
μεταμορφωτής, παρατηρητής, επιζών.

Να διαβάζεις έναν άνθρωπο πριν σε διαβάσει εκείνος.

Να καταλαβαίνεις αν ήταν φίλος ή εχθρός.

Όσο καλύτερα γνώριζες τον εαυτό σου, τόσο πιο καθαροί
γίνονταν οι άλλοι.

Μελέτησες τη γλώσσα.
Την έκφραση. Τις μάσκες.

Η Αγγλική Λογοτεχνία και το Θέατρο δεν ήταν τυχαία.
Ήταν η επίσημη εκπαίδευση ενστίκτων που ήδη κατείχες.

Όταν διάβασες για πρώτη φορά Σαίξπηρ στα δεκαπέντε,
αναγνώρισες κάτι απελευθερωτικό.

Όλος ο κόσμος είναι μια σκηνή -
και κατάλαβες πως μπορούσες να την παίξεις καλά.

Αλλά υπάρχει κόστος στο να φοράς καλά τις μάσκες.
Οι μάσκες δίνουν δύναμη -
αλλά η δύναμη χωρίς σκοπό γίνεται καταβροχθιστική.

Και όσο καλύτερος γινόσουν στο να παίζεις ρόλους,
τόσο δυσκολότερο ήταν να θυμάσαι ποιος ήταν ο δικός σου.

Η επίδοση γίνεται ικανότητα.
Η ικανότητα γίνεται φήμη.
Η φήμη γίνεται προσδοκία.

Ένας φυλακισμένος της δικής σου κατασκευής.

Τη μέρα που κατάλαβες πως δεν χρειαζόταν πια να αποδείξεις
ότι ανήκεις... ήσουν ελεύθερος.

Η αυτοπεποίθηση ως ηγέτης δεν ήρθε από το να κερδίζεις τους
άλλους, αλλά από το να μη χρειάζεται πια να τους κερδίσεις.

Οι μάσκες δεν εξαφανίστηκαν.
Έγιναν εργαλεία.

Κάπου στα μέσα των σαράντα σου,
επιτέλους εγκαταστάθηκες μέσα στο δέρμα σου.

Μερικές φορές χρειάζονται στιγμές.
Μερικές φορές δεκαετίες.

Ποτέ δεν ήσουν χαμένος.

Γινόσουν.

Μάθαινες να αγκαλιάζεις αυτό με το οποίο γεννήθηκες -
την καταγωγή σου, τα ταλέντα σου, το κάρμα σου.

Να ξέρεις τι να κρατήσεις - και τι να αφήσεις.

Και μετά να προσθέτεις σε αυτό.

Να διαμορφώνεις τον εαυτό σου στη δική σου εικόνα.

ΠΡΟΣ ΤΟ ΕΣΩΤΕΡΙΚΟ ΜΟΥ ΣΥΜΒΟΥΛΙΟ

Δεν σκεφτόμουν μόνος.

Υπάρχουν μέλη συμβουλίου που κατοικούν μέσα μου.

Δεν είναι ονόματα που επιδεικνύω ως πνευματικά στολίδια.

Είναι εσωτερικοί σύντροφοι -
που κατοικούν στην καρδιά και στο μυαλό.

Δεν συστήνονται. Αποκαλύπτονται - όταν τους χρειάζομαι,
και στις σελίδες που ακολουθούν.

Ένας τυφλός ποιητής που προτείνει την πρόοδο έναντι της
τελειότητας.

Ένας αμφισβητούμενος Αθηναίος όταν τα συμπεράσματα
έρχονται πολύ γρήγορα.

Ένας Ολυμπιονίκης που προειδοποιεί ενάντια στην παρόρμηση
χωρίς στρατηγική.

Ένας περιπλανώμενος που κατανοεί το κόστος του να μην
επιστρέφεις σπίτι.

Ένας αντιφρονών που προειδοποιεί ενάντια στην άνεση που
γίνεται συμβιβασμός και μετριότητα.

Ένας μοναχός που επιμένει ότι η καλοσύνη είναι το πιο ισχυρό
όπλο του ανθρώπου.

Ένας αγαπημένος που μου υπενθυμίζει τι έχει σημασία τώρα.

Δεν μιλούν με προτάσεις.

Αναδύονται ως τάση - και σπάνια συμφωνούν.

Αυτό είναι το νόημα.

Η σοφία δεν είναι η κατοχή μιας μόνο φωνής.

Είναι το ένστικτο να ξέρεις ποια φωνή να ακολουθήσεις σε κάθε
στιγμή - συμπεριλαμβανομένης της δικής σου.

Αυτό έχω μάθει:

Όταν θαυμάζω το έργο τους, το κρατώ ζωντανό.

Όταν τους αφήνω να κατοικούν μέσα μου, τους κρατώ ζωντανούς.

Η επιρροή τους είναι αποτύπωμα στο DNA μου -

όπως το κάρμα, που μεταφέρεται και μεταμορφώνεται
διά μέσου ζωών.

ΤΟ ΕΝΔΙΑΜΕΣΟ

«Η αρετή του ανθρώπου βρίσκεται στο μέσον ανάμεσα στην
υπερβολή και την έλλειψη.» - Αριστοτέλης.

Έχουμε συγχέει την ατομικότητα με τη χωριστικότητα -
και το αποτέλεσμα είναι ο κατακερματισμός.

Αυτό είναι πλέον το κεντρικό πρόβλημα της εποχής μας.

Όχι η σύγκρουση.
Όχι η διαφωνία.

Ο κατακερματισμός.

Αυτό που ξεκίνησε ως αναγνώριση της μοναδικότητας έχει
απολιθωθεί σε απομόνωση - μια εσωτερική κατάσταση που μας
φέρνει σε σύγκρουση με τον εαυτό μας... και έπειτα με τον κόσμο.

Είμαστε σύνθετα όντα που έχουμε δημιουργήσει
σύνθετα συστήματα και κοινωνίες.

Για να επιβιώσουμε μέσα σε αυτή την πολυπλοκότητα,
δημιουργήσαμε διακρίσεις -
έννοιες που απλοποίησαν την πραγματικότητα και
δημιούργησαν κοινή κατανόηση.

Εγώ ή ο άλλος.
Φίλος ή εχθρός.
Αριστερά ή δεξιά.
Ουρανός ή κόλαση.

Αυτές οι διακρίσεις είναι χρήσιμες -
περιγράφουν· διευκρινίζουν.

Αλλά κάπου στην πορεία,
αρχίσαμε να πιστεύουμε ότι πρέπει να επιλέγουμε ανάμεσά τους.

Η δυαδικότητα δεν είναι ο εχθρός.
Η διαίρεση είναι.

Ήμασταν φτιαγμένοι να αγκαλιάζουμε τα αντίθετα -
όχι να κατοικούμε αποκλειστικά μέσα σε αυτά.

Η ρωγμή φαίνεται μικρή.
Κρύβεται σε μια μόνο λέξη:

Ή.

Είσαι αριστερός ή δεξιός;
Λογικός ή συναισθηματικός;
Θρησκευόμενος ή αγνωστικιστής;

Το «ή» απλοποιεί... αλλά και διχάζει.

Είμαι αυτό ή εκείνο.
Ανήκω εδώ - όχι εκεί.

Μεγάλο μέρος της σύγκρουσης που αντιμετωπίζουμε προκύπτει -
και εντείνεται - από αυτό το λάθος.

Και μεγάλο μέρος της θα απαλυνόταν με μία διορθωτική λέξη:

ΚΑΙ.

Η λέξη είναι απλή.
Η πειθαρχία - δύσκολη.

Υπήρξε μια εποχή που πίστευα πως η σαφήνεια απαιτούσε
αποφασιστικότητα.

Διάλεξε πλευρά.
Πάρε θέση.
Υπερασπίσου τη.

Έμοιαζε να λειτουργεί -
τουλάχιστον στην επιφάνεια.

Στις συναντήσεις, ήμουν γρήγορος.
Εύγλωττος.
Βέβαιος.

Συχνά είχα δίκιο.

Αλλά με τον χρόνο, κάτι έγινε ξεκάθαρο.

Το δωμάτιο σιωπούσε...
Αλλά δεν ευθυγραμμιζόταν.

Οι άνθρωποι συμφωνούσαν...
Αλλά δεν δεσμεύονταν.

Και τα αποτελέσματα σταματούσαν -
όχι επειδή η απάντηση ήταν λάθος,
αλλά επειδή η διαδικασία τους είχε αποκλείσει.

Και κάποιες φορές, το κόστος δεν ήταν μόνο η καθυστέρηση.

Ήταν η εμπιστοσύνη.

Υπήρξαν στιγμές που οι άνθρωποι έπαψαν να φέρνουν την πλήρη
σκέψη τους μέσα στο δωμάτιο.

Όχι επειδή δεν την είχαν -
αλλά επειδή δεν πίστευαν ότι θα ακουστούν.

Και αυτό είναι το άυλο κόστος του να καταλήγεις σε
συμπεράσματα πολύ γρήγορα.

Δεν χάνεις μόνο την οπτική -
Χάνεις τη συμμετοχή.

Μου πήρε περισσότερο χρόνο απ' όσο θα έπρεπε για να
το καταλάβω:

Το να έχεις δίκιο δεν είναι το ίδιο με το να είσαι αποτελεσματικός.

Η ηγεσία δεν είναι η πράξη της απόφασης.

Είναι η πειθαρχία να κρατάς πολλαπλές οπτικές αρκετά ώστε να
αναδυθεί η σωστή απόφαση.

Γιατί η ενοποίηση δεν είναι διανοητική.

Είναι ψυχολογική.

Απαιτεί κάτι που σπάνια μας διδάσκεται:

Να κρατάς την ένταση... χωρίς να καταφεύγεις στη βεβαιότητα.

Να αντιστέκεσαι στην παρόρμηση να διαλέξεις πλευρά όταν η πολυπλοκότητα
απαιτεί κατανόηση.

Να παραμένεις παρών μέσα στην αντίφαση...
χωρίς άμεση επίλυση.

Ένα άτομο κάθεται στο τραπέζι.
Απέναντί του, κάποιος εκφράζει μια άποψη με την οποία διαφωνεί.

Το νιώθει αμέσως - το σφίξιμο στο στήθος...
την οξύτητα της σκέψης... την παρόρμηση να απαντήσει.

Να υπερασπιστεί.
Να διορθώσει.
Να κερδίσει.

Εκείνη τη στιγμή, υπάρχουν δύο δρόμοι.

Ο ένας οδηγεί στην αντίδραση.
Ο άλλος στην αυτοσυγκράτηση.

Αν αντιδράσει, η συζήτηση κλιμακώνεται.

Οι θέσεις σκληραίνουν.
Οι φωνές υψώνονται.
Καμία πλευρά δεν ακούει.

Και οι δύο φεύγουν πιο βέβαιοι - και πιο διχασμένοι.

Αλλά αν συγκρατηθεί... έστω και για λίγο...
κάτι άλλο γίνεται δυνατό.

Περιέργεια.
Κατανόηση.
Μια ερώτηση αντί για αντίλογο.
Σύνδεση αντί για κλιμάκωση.

Αυτό είναι το μεταξύ.
Και οι περισσότεροι από εμάς δεν μαθαίνουμε ποτέ πώς να
στεκόμαστε εκεί.

Μια μητέρα διαφωνεί με την κόρη της.
Ένας άνδρας με τη γυναίκα του.
Ένας φίλος με έναν φίλο.

Σε κάθε στιγμή, το ίδιο μοτίβο εμφανίζεται.

Η ανάγκη να έχεις δίκιο...
υπερισχύει της ευθύνης να παραμένεις συνδεδεμένος.

Η νίκη γίνεται πιο σημαντική από τον δεσμό.
Και έτσι, ο δεσμός εξασθενεί.
Όχι σε μια στιγμή -
αλλά μέσα από πολλές μικρές ρωγμές.

Μέχρι που μια μέρα, η απόσταση αντικαθιστά την εγγύτητα.
Και οι δύο αναρωτιούνται πώς συνέβη.

Έχω καθίσει μέσα σε αυτή τη σιωπή.
Έχω νιώσει την απόσταση που βοήθησα να δημιουργηθεί.

Συνειδητοποίησα - πολύ αργά εκείνη τη στιγμή -
ότι αυτό που προστάτευσα ήταν η θέση μου.
Και αυτό που κατέστρεψα ήταν η σχέση.

Και κανένα επιχείρημα, όσο δίκαιο κι αν φαίνεται τη στιγμή
εκείνη, δεν αξίζει αυτό το αντάλλαγμα.

Το να κάνεις λάθος δεν είναι ο κίνδυνος.
Είναι το να μη βλέπεις το κόστος του να επιμένεις στη θέση σου.

Σε μεγαλύτερη κλίμακα, το ίδιο μοτίβο επαναλαμβάνεται.

Οι κοινότητες διασπώνται σε φυλές.
Οι φυλές σε φατρίες.
Οι φατρίες σε εχθρούς.

Καθεμία πεπεισμένη για τη δική της ορθότητα.
Καθεμία τυφλή στη δική της ατελότητα.

Τα μέσα κοινωνικής δικτύωσης το επιταχύνουν.
Ανταμείβουν τη βεβαιότητα.
Ενισχύουν την αγανάκτηση.
Τιμωρούν την απόχρωση.

Και έτσι, οι άνθρωποι διαμορφώνουν θέσεις αντί να τις εξετάζουν.

Η ταυτότητα αντικαθιστά την αναζήτηση.
Η ένταξη αντικαθιστά την αλήθεια.
Και ο κατακερματισμός γίνεται κουλτούρα.

Η εργασία της ενοποίησης είναι να στέκεσαι ανάμεσα σε αντίθετες
δυνάμεις - χωρίς να καταναλώνεσαι από καμία.

Οδυσσέας ανάμεσα στη Σκύλλα και τη Χάρυβδη -
το τέρας και τη δίνη.

Πολύ προς τη μία πλευρά - καταστροφή.
Πολύ προς την άλλη - καταστροφή.

Ο δρόμος είναι στενός.
Και απαιτεί επίγνωση... εγκράτεια... κρίση.

Απαιτεί πειθαρχία.

Σκεφτείτε τον αθλητή.
Πολύ ένταση και το σώμα σπάει.
Πολύ λίγη και δεν προσαρμόζεται ποτέ.
Η δυνατότητα υπάρχει στην ένταση.
Όχι στα άκρα.

Σκεφτείτε τον νου.
Πολύ βεβαιότητα - και κλείνει.
Πολύ αμφιβολία - και καταρρέει.
Η σοφία υπάρχει στην ισορροπία, όχι στα απόλυτα.

Σκεφτείτε την ελευθερία.
Χωρίς ευθύνη, γίνεται χάος.
Σκεφτείτε την ευθύνη.
Χωρίς ελευθερία, γίνεται καταπίεση.

Το καθένα χρειάζεται το άλλο.
Κανένα δεν επιβιώνει μόνο του.

Η ενοποίηση δεν αρχίζει στους θεσμούς,
αρχίζει στην εσωτερική ζωή.

Αλλά για να κατανοήσουμε πώς είναι δυνατό...
πρέπει να εξετάσουμε κάτι πιο θεμελιώδες.

Τη σχέση μεταξύ αιτίας - και επιλογής.

Είχα μια απαιτητική συζήτηση με έναν νέο άνθρωπο
που υποστήριξε - πολύ πειστικά - ότι τα πάντα είναι
προκαθορισμένα.

Από τη βιολογία μας.
Την ανατροφή μας.
Το περιβάλλον μας.

Και σε έναν βαθμό, έχει δίκιο.

Δεν επιλέγουμε τα γονίδιά μας.
Τους γονείς μας.
Τις συνθήκες που μας διαμορφώνουν.

Ακόμη και οι παρορμήσεις μας προκύπτουν πριν
τις συνειδητοποιήσουμε.

Η σκέψη εμφανίζεται.
Το συναίσθημα ακολουθεί.

Αυτή είναι η αλυσίδα της αιτιότητας.

Αλλά δεν είναι όλη η εικόνα.

Γιατί κάτι άλλο συμβαίνει στη συνέχεια.

Η επίγνωση.

Και μαζί της... μια παύση.

Ανάμεσα σε αυτό που νιώθουμε...
και σε αυτό που κάνουμε.

Σε αυτόν τον χώρο, κάτι γίνεται δυνατό.

Όχι έλεγχος με την απόλυτη έννοια.

Αλλά επιρροή.

Όχι ελευθερία από την αιτία...
αλλά ελευθερία μέσα σε αυτήν.

Να αναγνωρίζεις το συναίσθημα.
Να το αποδέχεσαι.
Να το αγκαλιάζεις.
Να το ενοποιείς.

Και να επιλέγεις πώς θα ανταποκριθείς.

Αν αυτός ο χώρος δεν υπήρχε...
δεν θα υπήρχε εγκράτεια.

Δεν θα υπήρχε ευθύνη.
Δεν θα υπήρχε ηθική.

Μόνο αντίδραση.

Και γι' αυτό το O'Malley's Bar του Nick Cave
είναι τόσο συγκλονιστικό.

Ένας άνδρας μπαίνει σε ένα μπαρ...
και σκοτώνει όλους όσους βρίσκονται μέσα.

Ψυχρά.
Μεθοδικά.
Ολοκληρωτικά.

Και το άβολο ερώτημα που υποβόσκει είναι το εξής:

Αν δεν είχε επιλογή...
αν ήταν απλώς προϊόν των αιτιών του...
πώς μπορεί να θεωρηθεί υπεύθυνος;

Αλλά αυτό το ερώτημα αποκαλύπτει το σφάλμα.

Γιατί ακόμη και στα πιο σκοτεινά άκρα...
το ερώτημα παραμένει το ίδιο.

Να πράξεις - ή να μην πράξεις.

Και εκεί είναι που το επιχείρημα είτε στέκει -
είτε καταρρέει.

Αλλά η εγκράτεια υπάρχει.

Που σημαίνει ότι δεν είμαστε ταυτόσημοι με τις παρορμήσεις μας.

Μας διαμορφώνουν...
αλλά δεν μας δεσμεύουν πλήρως.

Και εκεί είναι που κατοικεί η ενοποίηση.

Πριν πολωθούν τα έθνη, πολώνονται τα άτομα.
Πριν αποτύχουν τα συστήματα, αποτυγχάνουν τα μυαλά.

Το έχω δει να εκτυλίσσεται σε μεγάλη κλίμακα.

Ομάδες διχασμένες όχι από ικανότητα...
Αλλά από οπτική.

Λειτουργίες που προστατεύουν έδαφος αντί να λύνουν
προβλήματα.

Συναντήσεις όπου οι θέσεις υπερασπίζονταν πολύ μετά το σημείο
που έπαψαν να έχουν νόημα.

Όχι επειδή οι άνθρωποι ήταν ανίκανοι -
Επειδή ταυτίζονταν μόνο με τη θέση τους.

Η αλλαγή άποψης έμοιαζε με απώλεια.

Και έτσι, επέμεναν - και η πρόοδος επιβραδυνόταν.

Αυτό που χρειαζόταν δεν ήταν περισσότερη ευφυΐα.

Ήταν ενοποίηση.

Η ικανότητα να κάνεις ένα βήμα πίσω από τη θέση...
Και να επιστρέφεις στο πρόβλημα.

Ο κόσμος που κατοικούμε είναι η μεγεθυμένη έκφραση των
εντάσεων που αρνούμαστε να συμφιλιώσουμε μέσα μας -
ή δεν έχουμε ακόμη αναγνωρίσει.

Μου πήρε χρόνια να το αναγνωρίσω αυτό μέσα μου.

Να δω πόσο γρήγορα κατέληγα στη βεβαιότητα.

Πόσο εύκολα κατηγοριοποιούσα.
Έκρινα.
Συμφωνούσα ή διαφωνούσα.
Σωστό ή λάθος.

Μαζί μου ή εναντίον μου.

Έμοιαζε αποδοτικό.
Έμοιαζε δυνατό.

Αλλά ήταν ελλιπές.

Γιατί κάθε φορά που απλοποιούσα πολύ γρήγορα,
έχανα κάτι.

Πλαίσιο.
Απόχρωση.
Κατανόηση.

Και συχνά - τον άνθρωπο απέναντί μου.

Ένας άνθρωπος που δεν μπορεί να κρατήσει μέσα του δύο
αντίθετες αλήθειες

θα απαιτήσει από τον κόσμο να τις επιλύσει για αυτόν.

Συνήθως με τη βία.
Ή με ιδεολογία.
Ή εις βάρος των άλλων.

Έτσι κλιμακώνεται ο κατακερματισμός.

Από τη δυσφορία...
Στη διαίρεση...
Στη σύγκρουση...
Στην καταστροφή.

Η ιστορία δεν στερείται παραδειγμάτων.

Αυτοκρατορίες πέφτουν.
Κοινωνίες διασπώνται.

Όχι επειδή υπάρχει διαφωνία -
αλλά επειδή αποτυγχάνει η ενοποίηση.

Και όταν αποτυγχάνει σε μεγάλη κλίμακα,
κάτι πιο επικίνδυνο αναδύεται.

Όχι απλώς διαφωνία... αλλά απανθρωποποίηση.

Η άλλη πλευρά δεν είναι πλέον απλώς λάθος.
Δεν είναι πλέον παραπλανημένη.
Δεν είναι πλέον καν ανθρώπινη.

Και όταν αυτή η γραμμή ξεπεραστεί, η ιστορία
γίνεται προβλέψιμη.

Γιατί ό,τι αρνούμαστε να ενοποιήσουμε...
τελικά επιδιώκουμε να το εξαλείψουμε.

Το κόστος δεν είναι αφηρημένο.
Είναι προσωπικό.
Είναι σχεσιακό.
Είναι πολιτισμικό.

Οικογένειες διαλύονται εκεί όπου η κατανόηση θα μπορούσε να τις
κρατήσει ενωμένες.

Οι φιλίες διαλύονται εκεί όπου η υπομονή θα μπορούσε να
τις διατηρήσει.

Οι κοινότητες διασπώνται εκεί όπου ο διάλογος θα μπορούσε να
τις στηρίξει.

Οι θεσμοί καταρρέουν εκεί όπου η ισορροπία θα μπορούσε να
τους σταθεροποιήσει.

Και όμως, η λύση παραμένει η ίδια.

Δεν βρίσκεται πρώτα στα συστήματα.
Βρίσκεται στα άτομα.
Στις στιγμές.

Σε αποφάσεις τόσο μικρές που συχνά περνούν απαρατήρητες.

Να κάνεις παύση αντί να αντιδράς.
Να ακούς αντί να επιβάλλεσαι.
Να ρωτάς αντί να καταλήγεις.

Να κρατάς και τα δύο... αντί να διαλέγεις το ένα.

Το πραγματικό χάσμα δεν είναι ανάμεσά μας.
Είναι μέσα μας.

Και μέχρι να μάθουμε να το συμφιλιώνουμε εκεί...
θα συνεχίσουμε να το πολεμάμε παντού αλλού.

Η πρώτη ένταση που συναντάμε δεν είναι ιδεολογική.

Είναι ανθρώπινη.

Φόβος και ελπίδα.

Ο φόβος συστέλλει.
Η ελπίδα προβάλλει.

Και τα δύο είναι απαραίτητα -
αλλά και τα δύο δημιουργούν ανισορροπία όταν μένουν
ανεξέλεγκτα.

Και έτσι, το έργο αρχίζει από εκεί.

ΦΟΒΟΣ ΚΑΙ ΕΛΠΙΔΑ

Ο φόβος είναι ένα θεμελιώδες ένστικτο.

Μας προστατεύει από τον κίνδυνο.
Οξύνει την προσοχή.

Μας θυμίζει ότι ο κόσμος περιέχει κινδύνους που πρέπει
να σεβόμαστε.

Χωρίς τον φόβο, ο άνθρωπος δεν θα επιβίωνε για πολύ.

Η ελπίδα είναι εξίσου θεμελιώδης.

Μας επιτρέπει να φανταζόμαστε μέλλοντα που δεν
υπάρχουν ακόμη.
Δίνει νόημα στον αγώνα.
Καθιστά την αντοχή δυνατή.

Χωρίς την ελπίδα, η επιβίωση θα έχανε τον σκοπό της.

Κάθε ανθρώπινη ζωή εκτυλίσσεται ανάμεσα σε αυτές τις
δύο δυνάμεις.

Ο φόβος μας τραβά προς την προσοχή.
Η ελπίδα μας τραβά προς τη δυνατότητα.

Και τα δύο είναι απαραίτητα - αλλά μπορούν να παραπλανήσουν.

Όταν μένει ανεξέλεγκτος, ο φόβος περιορίζει την ανάπτυξη.
Όταν μένει χωρίς αγκύρωση, η ελπίδα γίνεται δυσαρέσκεια.

Το να ταλαντεύεσαι ανάμεσά τους είναι εξαντλητικό.
Η ενέργεια εξαντλείται.
Η ξεκούραση γίνεται δύσκολη.

Προσπαθούμε να εξαλείψουμε αυτό που μας αποσταθεροποιεί αντί
να αποκαταστήσουμε την αναλογία.

Τα οικοσυστήματα δεν θεραπεύονται με εξάλειψη.
Αποκαθίστανται με επαναευθυγράμμιση.

Όταν ο εσωτερικός κόσμος γέρνει, ο εξωτερικός τον αντανακλά.
Όταν γέρνουν αρκετά άτομα, γέρνει και η φυλή.

Οι κοινότητες δεν είναι απλώς ομάδες ατόμων.
Είναι κοινά συναισθηματικά κλίματα.

Ο φόβος συσπειρώνεται.
Η ελπίδα συσπειρώνεται.

Συγκεντρωνόμαστε με εκείνους που αντανακλούν αυτό που
φέρουμε μέσα μας.

Οι αγχωμένοι αναζητούν προστασία.
Οι απογοητευμένοι αναζητούν αποκατάσταση.
Οι ιδεαλιστές αναζητούν μεταμόρφωση.

Η φυλή δίνει μια αίσθηση σταθερότητας - ένα αγκυροβόλιο σε
ταραγμένες θάλασσες.

Αν βασίζεται σε ανεξέταστο φόβο, γίνεται επιθετική.
Αν βασίζεται σε ανεξέταστη ελπίδα, γίνεται αμυντική.

Και στις δύο περιπτώσεις, η ανισορροπία πολλαπλασιάζεται.

Ο Αίσωπος αφηγήθηκε μια απλή ιστορία.

Ένας ταξιδιώτης που περπατούσε μέσα σε ένα δάσος άκουσε ένα
κλαδί να σπάει πίσω του.
Ο φόβος του είπε πως ένας λύκος τον παρακολουθούσε.
Η ελπίδα του είπε πως ήταν μόνο ο άνεμος.
Όταν γύρισε, ήταν ένα ελάφι.

Ο φόβος όξυνε την αντίληψή του.
Η ελπίδα τον εμπόδισε να τρέξει στα τυφλά.

Η σοφία απαιτούσε και τα δύο.

Η τεχνολογία το έχει καταστήσει αυτό ορατό σε μεγάλη κλίμακα.

Τα μέσα κοινωνικής δικτύωσης έχουν γίνει το νευρικό σύστημα
της φυλής.

Δεν δημιουργούν τον φόβο - τον επιταχύνουν.
Δεν επινοούν την αγανάκτηση - την ενισχύουν.
Η αντίδραση αντικαθιστά τον στοχασμό.

Όπως η αλήθεια και το ψέμα, η αγανάκτηση ταξιδεύει πιο γρήγορα
από την επαλήθευση.
Οι θέσεις παγιώνονται.

Οι φυλές οχυρώνονται, προετοιμαζόμενες για πόλεμο.

Και όταν οι φυλές γέρνουν για αρκετό καιρό, οι θεσμοί γέρνουν
μαζί τους.

Οι πολιτικές γίνονται αντιδραστικές.
Η ηγεσία γίνεται επιφανειακή.
Ο δημόσιος λόγος γίνεται συγκρουσιακός.

Τα έθνη είναι οικοσυστήματα, επίσης.

Όταν αρκετά άτομα και θεσμοί εκτροχιαστούν, το έθνος
επηρεάζεται.

Το ονομάζουμε αστάθεια.
Πόλωση.
Κρίση.

Αλλά κάτω από τους τίτλους, είναι ο ίδιος μηχανισμός.

Η ανισορροπία πολλαπλασιασμένη.

Ο κόσμος φαίνεται ασταθής.
Αλλά ο κόσμος είναι αντανάκλαση.

Το ερώτημα δεν είναι αν έχει εκτραπεί από τον άξονά του.

Το ερώτημα είναι:

Εσύ;
Εμείς;

ΛΟΓΟΣ ΚΑΙ ΔΙΑΙΣΘΗΣΗ

Υπάρχουν πράγματα που το σώμα γνωρίζει πριν
ο νους σχηματίσει ερώτηση.

Οι τρίχες που σηκώνονται.
Το στήθος που σφίγγεται.
Η αναπνοή που κόβεται -
πριν καταλάβεις γιατί.

Το λέμε ένστικτο.
Διαίσθηση.
Αράχνη-αίσθηση.

Όποιο κι αν είναι το όνομα - είναι αρχαιότερο από τη γλώσσα.
Αρχαιότερο από τον λόγο.
Και πολύ πιο ειλικρινές.

Το έχω νιώσει πολλές φορές -
δύο φορές με τρόπο που με άλλαξε.

Στεκόμουν σε ένα βουνό μέσα στο απόλυτο σκοτάδι,
παρακολουθώντας κάτι να κινείται στον ουρανό με τρόπο που
κανένας δορυφόρος δεν ακολουθεί -
να κυκλώνει, να ζιγκ-ζαγκάρει, αναίτια, σκόπιμα.

Ο λόγος μου έλεγε: δορυφόρος.
Το σώμα μου έλεγε: κάτι άλλο.

Τριάντα πέντε χρόνια αργότερα, το βλέπω ακόμη.
Οι τρίχες σηκώνονται ακόμη.

Η καρδιά χτυπά ακόμη γρήγορα.

Τη δεύτερη φορά, ήμουν στη βεράντα, στη μέση μιας σκέψης,
στη μέση ενός τσιγάρου - σκεφτόμουν τους θεούς, απ' όλα
τα πράγματα.

Εμφανίστηκε ξανά.
Διαφορετική πορεία.
Ίδια αναμφισβήτητη κίνηση.

Ίδια αντίδραση στο σώμα.

Αυτή τη φορά, αντί να αναζητήσω εξήγηση,
άνοιξα τον εαυτό μου στο ερώτημα.

Δεν μπορώ να εξηγήσω τι είδα.
Αλλά μπορώ να νιώσω ότι έχει σημασία.

Αυτή είναι η διαφορά μεταξύ λόγου και διαίσθησης.

Ο λόγος απαιτεί απάντηση.
Η διαίσθηση είναι άνετη με το μυστήριο.

Ζούμε σε μια εποχή που λατρεύει τον λόγο.
Και ο λόγος μας έχει εξυπηρετήσει καλά.

Έχτισε τις πόλεις.
Χαρτογράφησε το γονιδίωμα.
Έστειλε μηχανές πέρα από την άκρη του
ηλιακού συστήματος.

Αλλά κάπου στην πορεία, κάναμε ένα λάθος.

Αρχίσαμε να αντιμετωπίζουμε τη διαίσθηση ως εχθρό
του λόγου.
Πρωτόγονη. Αναξιόπιστη. Αξιοντροπιαστική.

Κάτι που πρέπει να εξηγηθεί -
ή να σιωπηθεί με φάρμακα.

Και κάνοντας αυτό, χάσαμε κάτι ουσιώδες.

Γιατί ο λόγος και η διαίσθηση δεν είναι αντίπαλοι.

Είναι εταίροι.

Δύο τρόποι γνώσης της ίδιας πραγματικότητας.

Ο λόγος εξετάζει τη δομή του κόσμου.
Η διαίσθηση νιώθει το βάρος του.

Ο ένας ρωτά: πώς λειτουργεί αυτό;
Ο άλλος ρωτά: νιώθεται σωστό αυτό;

Και οι δύο ερωτήσεις έχουν σημασία.
Καμία δεν είναι επαρκής μόνη της.

Ένας πολιτισμός που έχει χάσει επαφή με τη διαίσθησή του
έχει χάσει επαφή με τη συνείδησή του.

Και η συνείδηση, αποδεικνύεται, δεν είναι προϊόν λογικής.
Είναι προϊόν συναισθήματος.

Το παιδί το γνωρίζει αυτό ενστικτωδώς.

Πριν τη γλώσσα.
Πριν το επιχείρημα.
Πριν οικοδομηθεί η περίτεχνη αρχιτεκτονική
της δικαιολόγησης -
το παιδί νιώθει την κακία της σκληρότητας.
Τρέμει μπροστά στον πόνο.
Απλώνει το χέρι προς τον πληγωμένο.

Γεννιόμαστε με το σήμα ανέπαφο.

Μετά μας εκπαιδεύουν να το αγνοούμε.

Ο Νίτσε κατανόησε τον κίνδυνο.

Ένας έξυπνος άνθρωπος, παρατήρησε, μπορεί να
δικαιολογήσει τα πάντα.

Και αυτό ακριβώς έχουμε γίνει.

Έξυπνοι.

Αρκετά έξυπνοι για να κατασκευάζουμε αδιάσειστα
επιχειρήματα για
να κοιτάμε αλλού.
Αρκετά έξυπνοι για να βρίσκουμε νομικά πλαίσια για
παράνομες πράξεις.
Αρκετά έξυπνοι για να αποκαλούμε τον βομβαρδισμό παιδιών
ζήτημα πολυπλοκότητας.

Υπάρχει μια λέξη για αυτό που συμβαίνει όταν
ένας μορφωμένος,

πολιτισμένος λαός κατασκευάζει περίτεχνες δικαιολογίες για
την καταστροφή ενός άλλου.

Γνωρίζουμε αυτή τη λέξη.

Τη μάθαμε στα μέσα του περασμένου αιώνα.

Όταν το πιο μορφωμένο έθνος της Ευρώπης -
ένα έθνος φιλοσόφων, συνθετών, επιστημόνων -
οδήγησε τον εαυτό του μέσω λόγου σε γενοκτονία.

Γραφειοκράτες υπέγραψαν τις φόρμες.
Δικηγόροι έγραψαν τα υπομνήματα.
Διανοούμενοι παρείχαν τα πλαίσια.

Και η διαίσθηση εκατομμυρίων έκραζε -
και σιωπήθηκε από το πιο επικίνδυνο όπλο που έχει ποτέ
αναπτυχθεί κατά της ανθρώπινης συνείδησης.

Το περίτεχνο επιχείρημα.

Είπαμε: ποτέ ξανά.

Και το εννοούσαμε.

Μέχρι που δεν το εννοούσαμε πια.

Γιατί η διαίσθησή μας δεν είναι μπερδεμένη για την
επανάληψη της ιστορίας.
Δεν ήταν ποτέ.

Το σώμα γνωρίζει.

Το στήθος σφίγγεται.
Η αναπνοή κόβεται.

Το παιδί κάτω από τα ερείπια σήμερα
είναι το ίδιο παιδί με τον περασμένο αιώνα.

Η μητέρα είναι η ίδια μητέρα,
και το πρόσωπό της δεν χρειάζεται μετάφραση.

Αυτό είναι το σήμα.

Αλλά ο λόγος - που χρησιμοποιείται όχι για την αναζήτηση
της αλήθειας, αλλά για την υπεράσπιση θέσης - έχει μάθει να
το παρακάμπτει.

Να πλημμυρίζει το σήμα με θόρυβο.
Να αντικαθιστά το συναίσθημα με ένα πλαίσιο.
Να μετατρέπει τη συνείδηση σε συζήτηση.

Και έτσι, κάνουμε scroll παρακάτω από τα ερείπια.
Παρακάτω από τα μικρά παπούτσια.
Παρακάτω από τα πρόσωπα των μητέρων.

Όχι επειδή δεν το νιώθουμε.

Αλλά επειδή μας έχει δοθεί άδεια να μη δρούμε με βάση αυτό
που νιώθουμε.

Αυτή η άδεια ονομάζεται εκλέπτυνση.

Είναι, στην πραγματικότητα, ένα είδος θανάτου.

Όπως παρατήρησε ο γιος μου -
δεν κάνουμε scroll παρακάτω επειδή δεν μας νοιάζει.

Κάνουμε scroll παρακάτω επειδή ο κόσμος έχει πλέον πάρα
πολλά παράθυρα.

Και η οδύνη, όταν τη βλέπεις μέσα από αρκετά από αυτά,
γίνεται θόρυβος.

Το ένστικτο είναι να κοιτάς προς τα έξω -
προς ό,τι είναι απέραντο και μακρινό και πέρα από την
εμβέλειά μας.

Αντί να κοιτάς προς τα μέσα - προς ό,τι είναι αρκετά κοντά για
να αλλάξεις.

Όταν μας καταβάλλουν τα προβλήματα που δεν μπορούμε να
λύσουμε - δεν μένει χώρος για εκείνα που μπορούμε.

Και όπως παρατήρησε η γυναίκα μου - με την ηλικία έρχεται
ένα ακόμη στρώμα.

Το έχουμε ξαναδεί.

Τους ίδιους πολέμους.
Τα ίδια πρόσωπα.
Τα ίδια επιχειρήματα με νέα ρούχα.

Και μαθαίνουμε - όχι από σκληρότητα, αλλά από εξάντληση -
να κοιτάμε αλλού.

Αυτό δεν είναι απάθεια.

Είναι το κόστος του να έχεις δώσει προσοχή για πολύ καιρό.

Γράφω αυτό ως εγγονός ανθρώπων που έφυγαν διωγμένοι.

Που γνωρίζουν τι σημαίνει να είσαι αυτός τον οποίο ο κόσμος αποφάσισε μέσω λόγου να αγνοήσει.

Η διαίσθησή μου δεν έχει το δικαίωμα να επιλέγει ποιος αξίζει το σήμα της.

Ούτε η δική σου.

Είναι ανθρώπινη.

Ο πιο επικίνδυνος άνθρωπος σε οποιοδήποτε δωμάτιο δεν είναι αυτός που νιώθει πολύ.

Είναι αυτός που έχει οδηγήσει τον εαυτό του μέσω λόγου στο να μην νιώθει τίποτα.

Η ιστορία δεν τους θυμάται ως εκλεπτυσμένους.
Τους θυμάται ως συνένοχους.

Δεν υποστηρίζω ότι είμαι κατά του λόγου.

Υποστηρίζω την ενοποίηση.

Ο λόγος χωρίς διαίσθηση παράγει ικανότητα
χωρίς συνείδηση.

Η διαίσθηση χωρίς λόγο παράγει πάθος χωρίς κατεύθυνση.

Αλλά όταν συνεργάζονται -
όταν η ρίγη και το επιχείρημα καταλήγουν
στο ίδιο συμπέρασμα -
είσαι κοντά σε κάτι αληθινό.

Κάτι που δεν μπορεί να δικαιολογηθεί μακριά.

Σε ένα βουνό, στο σκοτάδι, παρακολουθώντας κάτι να κινείται
στον ουρανό - δεν χρειαζόμουν πλαίσιο.

Χρειαζόμουν να είμαι αρκετά παρών για να το νιώσω.

Ένας σιωπηλός ψίθυρος.

Μια υπαινικτική μυρωδιά αρώματος.

Μέθης.

Αυτό είναι που κινδυνεύουμε να χάσουμε.

Όχι την ευφυΐα μας.

Την ικανότητά μας να συγκινούμαστε αρκετά ώστε
να δράσουμε.

ΙΣΧΥΣ ΚΑΙ ΕΓΚΡΑΤΕΙΑ

«Όποιος δεν μπορεί να εξουσιάσει τον εαυτό του, πρέπει να
υπακούει.» - Φρίντριχ Νίτσε.

Η ισχύς εμφανίζεται σε πολλές μορφές.

Η ισχύς πάνω στον εαυτό:
αυτοκυριαρχία.

Η ισχύς πάνω στους άλλους: ηγεσία -
άλλοτε απονεμημένη, άλλοτε επιβεβλημένη.

Και η ισχύς πάνω στη φύση.

Αυτή είναι η ισχύς που ο πολιτισμός εξυμνεί περισσότερο.

Η ισχύς που χτίζει πόλεις... τεχνολογίες... ανέσεις που θα
φαίνονταν θαυμαστές στους προγόνους μας.

Είναι επίσης η ισχύς με τη μεγαλύτερη δυνατότητα για βλάβη,
αν διαφθαρεί.

Όταν ένα είδος μαθαίνει ότι μπορεί να λυγίζει τον κόσμο στη
θέλησή του, αρχίζει να πιστεύει ότι βρίσκεται πάνω από τους
νόμους που το διέπουν.

Πάνω από τους νόμους που διατηρούν τη ζωή σε ισορροπία.

Αυτή είναι η ύβρις της ανθρωπότητας.

Οι νόμοι της φύσης δεν είναι προτάσεις.
Είναι όροι.

Ένας άνθρωπος που πιστεύει ότι βρίσκεται πάνω από τον νόμο
είναι επικίνδυνος.

Ένας πολιτισμός που πιστεύει ότι βρίσκεται πάνω από τους
νόμους της φύσης γίνεται τοξικός.

Η ισχύς χωρίς εγκράτεια τελικά καταστρέφει τον ίδιο τον κόσμο
που την κατέστησε δυνατή.

Η πιο βαθιά μορφή ισχύος δεν είναι η κυριαρχία -
είναι η πειθαρχία.

Η πειθαρχία να συγκρατείς την ισχύ - και να την κατευθύνεις προς
δημιουργικό σκοπό.

Δύναμη με εγκράτεια.
Ισχύς με μετριοπάθεια.
Σκοπός με ευθύνη.

ΘΥΜΟΣ ΚΑΙ ΣΥΓΧΩΡΕΣΗ

«Τραγούδα, θεά, τον θυμό του Αχιλλέα...» - Όμηρος.

Ο θυμός θυμάται.
Η συγχώρεση αποφασίζει αν το παρελθόν συνεχίζεται.

Λίγες δυνάμεις διαμορφώνουν τις ανθρώπινες σχέσεις πιο ισχυρά
από τον θυμό.

Διαλύει οικογένειες.
Διχάζει κοινότητες.
Μετατρέπει αδέλφια σε εχθρούς.

Κι όμως, ο θυμός δεν είναι εκ φύσεως καταστροφικός.

Κάποιες φορές, ο θυμός υπήρξε η δύναμη που αποκάλυψε την
αδικία - και απαίτησε αλλαγή.

Χωρίς τον θυμό, πολλές από τις ελευθερίες που σήμερα
θεωρούνται θεμελιώδεις δεν θα είχαν αναδυθεί.

Δημοκρατία.
Δίκαιη εργασία.
Ατομικά δικαιώματα.

Όταν στρέφεται προς την αδικία, ο θυμός μπορεί να γίνει
καταλύτης αλλαγής.

Αλλά ο θυμός χωρίς αγκύρωση στη σοφία γίνεται κάτι
εντελώς διαφορετικό.

Διαβρώνει την κρίση.
Περιορίζει την οπτική.
Διαιωνίζει τη βλάβη που ισχυρίζεται ότι αντιστέκεται.

Η συγχώρεση δεν είναι άρνηση της βλάβης.
Ούτε είναι άφεση.

Είναι μια απόφαση - ότι το παρελθόν δεν θα υπαγορεύει το μέλλον.

Η συγχώρεση πρέπει να αρχίζει με τη συγχώρεση του εαυτού μας.

Οι άνθρωποι κουβαλούν τύψεις.
Ντροπή.
Μνήμη.

Τα λάθη είναι αναπόφευκτα.

Χωρίς την ικανότητα να συγχωρούμε τον εαυτό μας,
το παρελθόν γίνεται φυλακή.

Η συγχώρεση πρέπει στη συνέχεια να εκπέμψει προς εκείνους που
είναι πιο κοντά μας.

Γονείς.
Οικογένεια.
Εκείνοι που διαμόρφωσαν τα πρώτα μας χρόνια.

Κάθε γενιά μεταφέρει προς τα εμπρός τόσο σοφία όσο
και τραύματα.
Η ωριμότητα είναι να αγκαλιάζεις και τα δύο.

Και τελικά, η συγχώρεση πρέπει να επεκταθεί ακόμη περισσότερο,
προς εκείνους που μας προκάλεσαν πραγματική βλάβη.

Αυτή είναι η πιο δύσκολη μορφή συγχώρεσης.

Αλλά χωρίς αυτήν, η μνησικακία γίνεται μόνιμος σύντροφος.

Ο Όμηρος αφηγείται για τον Αχιλλέα.

Όταν ο Πάτροκλος έπεσε, ο θυμός του έκαιγε τόσο έντονα που
αναδιαμόρφωσε τον πόλεμο.

Κι όμως, ακόμη κι εκείνος επέστρεψε το σώμα του Έκτορα στον
θρηνούντα πατέρα του.

Σε εκείνη τη στιγμή, ο θυμός υποχώρησε μπροστά σε
κάτι βαθύτερο.
Ακόμη και ο πιο σφοδρός θυμός πρέπει κάποτε να υποχωρήσει
στο έλεος.

Ο θυμός, όπως ο φόβος και η ελπίδα, είναι μέρος της
ανθρώπινης φύσης.
Δεν μπορεί να εξαλειφθεί - ούτε και πρέπει.

Ο θυμός είναι συχνά το καμίνι από το οποίο οι κοινωνίες
σφυρηλατούν τη δικαιοσύνη.
Αλλά χωρίς αγκύρωση, γίνεται καταστροφικός.

Όταν κατευθύνεται λάθος, σπάνια ταξιδεύει μόνος.
Συνοδεύεται από άγνοια και μίσος.

Ο θυμός μπορεί να πυροδοτήσει την αλλαγή.

Η συγχώρεση επιτρέπει τη θεραπεία όταν ο αγώνας τελειώσει.

Χωρίς αυτήν, η σύγκρουση γίνεται διαρκής.
Με αυτήν, η ανανέωση γίνεται δυνατή.

Το ζητούμενο δεν είναι να εξαλείψουμε τον θυμό.

Είναι να τον κατευθύνουμε με σοφία -
και να αναγνωρίζουμε πότε έρχεται η στιγμή ώστε η συγχώρεση να
κάνει το έργο που ο θυμός δεν μπορεί.

ΕΠΙΚΟΙΝΩΝΙΑ ΚΑΙ ΣΥΝΔΕΣΗ

Ο σύγχρονος πολιτισμός έχει κατακτήσει την επικοινωνία -
αλλά έχει ξεχάσει τη σύνδεση.

Είμαστε πλέον πιο ενημερωμένοι από ποτέ,
κι όμως ολοένα και πιο μόνοι.

Ποτέ δεν ήταν ευκολότερο να μεταδοθεί πληροφορία.

Τα μηνύματα διασχίζουν ηπείρους μέσα σε δευτερόλεπτα.
Εικόνες και απόψεις κάνουν τον γύρο του κόσμου σε
πραγματικό χρόνο.
Κάθε άτομο πλέον κρατά μια συσκευή ικανή να φτάσει
σε εκατομμύρια.

Το τεχνικό επίτευγμα είναι εντυπωσιακό.

Κι όμως, κάτι ουσιώδες έχει χαθεί.

Η συνομιλία.

Οι άνθρωποι εξελίχθηκαν σε μικρές κοινότητες όπου η επικοινωνία
είχε βάρος.

Τα λόγια λέγονταν πρόσωπο με πρόσωπο.
Ο τόνος είχε σημασία.
Η χειρονομία είχε σημασία.
Η σιωπή είχε σημασία.

Η διαφωνία απαιτούσε θάρρος -

γιατί ο άλλος ήταν παρών.

Η σύγχρονη επικοινωνία έχει αφαιρέσει μεγάλο μέρος αυτής
της τριβής.

Μπορούμε να εκφράζουμε απόψεις χωρίς να κοιτάμε στα μάτια
εκείνους που τις ακούν.

Μπορούμε να διαφωνούμε χωρίς συνέπειες.
Να καταδικάζουμε χωρίς αναστοχασμό.
Να εκφράζουμε αγανάκτηση χωρίς εγκράτεια.

Αυτό που χάνεται είναι η σύνδεση.

Η σύνδεση απαιτεί περισσότερα από την
ανταλλαγή πληροφοριών.

Απαιτεί προσοχή.
Υπομονή.
Την προθυμία να κατανοήσεις μια άλλη οπτική πριν
την απορρίψεις.

Αυτές οι ποιότητες καλλιεργούνται αργά.

Η σύγχρονη επικοινωνία ανταμείβει την ταχύτητα.

Άμεσες αντιδράσεις.
Άμεσες κρίσεις.
Άμεσες φυλές.

Το αποτέλεσμα είναι ένα παράδοξο.

Είμαστε περιτριγυρισμένοι από φωνές -
αλλά στερημένοι από συνομιλία.
Οι άνθρωποι μιλούν συνεχώς - αλλά ακούν σπάνια.

Ο θόρυβος αυξάνεται - ενώ η κατανόηση μειώνεται.

Η τεχνολογία δεν το εφηύρε αυτό.

Οι άνθρωποι πάντοτε έλκονταν από εκείνους που επιβεβαιώνουν
τις πεποιθήσεις τους.

Οι σύγχρονες πλατφόρμες το επιταχύνουν.

Οι αλγόριθμοι μαθαίνουν τι προτιμάμε -
και μας προσφέρουν περισσότερο από αυτό.

Η διαφωνία γίνεται ξένη.
Η απόχρωση γίνεται ενοχλητική.

Οι διαδικτυακές κοινότητες σταδιακά μετατρέπονται σε
θαλάμους ηχούς.

Όταν η επικοινωνία κατακερματίζεται, οι κοινωνίες αρχίζουν να
χάνουν την ικανότητα να διαβουλεύονται.

Ο λόγος γίνεται παράσταση.
Οι θέσεις σκληραίνουν.
Η συνεργασία γίνεται δύσκολη.

Ο κίνδυνος δεν είναι η διαφωνία.
Οι υγιείς κοινωνίες χρειάζονται διαφωνία.
Ο κίνδυνος είναι η εξαφάνιση της συνομιλίας.

Χωρίς συνομιλία, δεν υπάρχει κατανόηση.
Χωρίς κατανόηση δεν υπάρχει εμπιστοσύνη.

Η μητέρα μου επαναλάμβανε μια παλιά ελληνική παροιμία:

Μόνο με καλοσύνη μπορείς να αλλάξεις τη γνώμη κάποιου.

Ακούγεται σχεδόν αφελές σε έναν κόσμο που ανταμείβει την
επιθετικότητα και την αγανάκτηση.

Αλλά περιέχει μια ψυχολογική αλήθεια που η σύγχρονη κοινωνία
έχει ξεχάσει.

Η καλοσύνη και η ενσυναίσθηση είναι οι πιο ισχυροί
παράγοντες επιρροής.

ΕΛΕΥΘΕΡΙΑ ΚΑΙ ΕΥΘΥΝΗ

Η ελευθερία είναι μία από τις πιο ισχυρές ιδέες που μπορεί να
επικαλεστεί ένας πολιτισμός.

Έχει πυροδοτήσει επαναστάσεις, ανέτρεψε τυράννους και
ενέπνευσε ανθρώπους να ρισκάρουν τα πάντα για να ζήσουν
χωρίς υποταγή.

Κάτι έχει αλλάξει στον τρόπο που την κατανοούμε.

Αυτό που κάποτε ήταν ένα πολιτικό δικαίωμα
αντιμετωπίζεται ολοένα και περισσότερο ως
προσωπικό προνόμιο.

Η ελευθερία έχει αποσυνδεθεί από τις υποχρεώσεις που
τη στηρίζουν.

Αυτή η παρανόηση γίνεται πιο ορατή στον πρώτο θεσμό -
την οικογένεια.

Η ελευθερία δεν σημαίνει εγκατάλειψη της ευθύνης απέναντι
σε όσους εξαρτώνται από εσένα -
κι όμως αυτή η σύγχυση έχει γίνει συνηθισμένη.

Πολλοί άνθρωποι τοποθετούν πλέον την προσωπική τους
ελευθερία πάνω από τη σταθερότητα της ίδιας της οικογένειας.

Ο Σπρίνγκστιν έγραψε ένα τραγούδι για έναν άνθρωπο που
βγήκε για μια βόλτα και δεν γύρισε ποτέ πίσω.

Το ονόμασε πεινασμένη καρδιά.

Οι Βουδιστές αναγνώρισαν το ίδιο πράγμα -
απλώς με διαφορετικό πρόσωπο.

Όταν προκύπτει δυσκολία σε μια σχέση, συχνά εκλαμβάνεται
ως ένδειξη ότι κάτι καλύτερο υπάρχει αλλού.

Το πιο πράσινο γρασίδι.

Αλλά είναι πιο πράσινο μόνο από απόσταση.

Από κοντά απαιτεί την ίδια δουλειά.
Την ίδια υπομονή.
Τον ίδιο συμβιβασμό.
Την ίδια θυσία.

Όταν οι άνθρωποι τρέχουν από τη μία σχέση στην άλλη
αναζητώντας μεγαλύτερη ευτυχία, δεν ξεφεύγουν από την
πραγματική πηγή του προβλήματος - το πρόβλημα ταξιδεύει
μαζί τους.

Αποσκευές που δεν μπορούν να μείνουν πίσω.

Η δυσκολία δεν είναι ελάττωμα στις σχέσεις.

Είναι χαρακτηριστικό.

Οι άνθρωποι είναι ατελείς.
Η στενή συμβίωση το αποκαλύπτει.

Η ελευθερία μέσα στην οικογένεια δεν σημαίνει διαφυγή από
την ευθύνη.

Σημαίνει το θάρρος και την πειθαρχία να αντιμετωπίζεις τα
προβλήματα - και να αναπτύσσεσαι μέσα από αυτά.

Η κουλτούρα που μας περιβάλλει ενισχύει
το αντίθετο μήνυμα.

Ζούμε σε έναν πολιτισμό που βασίζεται στη λογική
της κατανάλωσης.
Αντικατάσταση αντί για επιδιόρθωση.

Αυτό που κάποτε κατασκευαζόταν για να διαρκεί, τώρα
κατασκευάζεται για να αντικαθίσταται.

Αυτή η λογική έχει επεκταθεί πέρα από τα αγαθά και
στις σχέσεις.

Όταν προκύπτουν δυσκολίες - και θα προκύψουν -
πολλοί αντικαθιστούν αντί να επιδιορθώνουν.

Οι άνθρωποι δεν είναι συσκευές.
Οι σχέσεις δεν πρέπει να είναι αναλώσιμες.

Όταν η συνήθεια της αντικατάστασης γίνεται πολιτισμική,
οι θεσμοί που στηρίζουν έναν πολιτισμό αρχίζουν
να αποδυναμώνονται.

Οι οικογένειες διαλύονται.
Οι κοινότητες αποσταθεροποιούνται.

Η ελευθερία συγχέεται με την απουσία υποχρέωσης.

Η ευθύνη αρχίζει να μοιάζει με καταπίεση.

Μια κοινωνία ελεύθερων ανθρώπων δεν μπορεί να επιβιώσει
αν η ελευθερία εκλαμβάνεται ως το να κάνει κανείς ό,τι θέλει.

Αυτό δεν παράγει ελευθερία.
Παράγει αταξία.

Οι αρχαίοι Έλληνες κατανοούσαν κάτι που οι σύγχρονες
κοινωνίες συχνά ξεχνούν.

Η ελευθερία αρχίζει με την αυτοκυβέρνηση.

Όπως παρατήρησε ο Αριστοτέλης -
και αργότερα επανέλαβε ο Νίτσε -

ένας άνθρωπος που δεν μπορεί να κυβερνήσει τον εαυτό του θα
κυβερνηθεί τελικά από άλλους.

Η ευθύνη είναι το θεμέλιο της ελευθερίας.

Είναι η άρρητη συμφωνία που επιτρέπει σε εκατομμύρια
αγνώστους να μοιράζονται μια κοινωνία χωρίς να
κατασπαράζουν ο ένας τον άλλον.

Χωρίς αυτοκυβέρνηση, η ελευθερία γίνεται δυσδιάκριτη από
τον εγωισμό και το αίσθημα δικαιώματος.

Πολλαπλασιασμένο σε εκατομμύρια,
αυτό παράγει μια δυσλειτουργική κοινωνία.

Η ιστορία είναι γεμάτη παραδείγματα.

Αλλά σπάνια καταγράφει τη στιγμή που μια κοινωνία αρχίζει
να αποτυγχάνει - γιατί σχεδόν ποτέ δεν συμβαίνει απότομα.

Η ελευθερία σπάνια χάνεται με μία πράξη.

Παραδίδεται σταδιακά... συχνά από εκείνους που δεν
κατανοούν τι απαιτεί.

Η μεγαλύτερη απειλή για την ελευθερία δεν είναι η τυραννία.
Είναι η ανωριμότητα.

Ένας πολιτισμός δεν μπορεί να είναι πιο υπεύθυνος από τους
ανθρώπους που τον αποτελούν.

Και αυτό μας επιστρέφει εκεί από όπου αρχίζει - το άτομο.

Η ελευθερία και η ευθύνη δεν είναι ανταγωνιστικές αρχές.
Είναι συμβιωτικές.

Η ευθύνη γεννά εγκράτεια.
Η εγκράτεια προστατεύει την ελευθερία.

ΣΥΣΤΗΜΑΤΑ ΠΟΥ ΥΠΗΡΕΤΟΥΝ ΚΑΙ ΣΥΣΤΗΜΑΤΑ ΠΟΥ ΚΑΤΑΣΠΑΡΑΖΟΥΝ

Οι θεσμοί δημιουργούνται για να υπηρετούν την κοινωνία.

Όταν η εξουσία και το όφελος διαστρεβλώνουν τον σκοπό τους,
αρχίζουν να κατασπαράζουν τους ανθρώπους που ήταν
προορισμένοι να προστατεύουν.

Ο Μάρκος Αυρήλιος είπε ότι:

«Ό,τι βλάπτει την κυψέλη, βλάπτει και τη μέλισσα.»

Αλλά αυτό είναι μόνο η μισή αλήθεια.

Ό,τι βλάπτει την κυψέλη, βλάπτει και τη μέλισσα.
Και ό,τι βλάπτει τη μέλισσα, βλάπτει και την κυψέλη.

Κάθε πολιτισμός εξαρτάται από θεσμούς.

Κυβερνήσεις.
Δικαστήρια.
Εκκλησίες.
Σχολεία.

Αυτά τα συστήματα οργανώνουν τη συνεργασία σε μια κλίμακα
που τα άτομα δεν μπορούν να διατηρήσουν μόνα τους.

Στην καλύτερή τους μορφή, οι θεσμοί σταθεροποιούν
την κοινωνία.

Προστατεύουν δικαιώματα.
Συντονίζουν προσπάθειες.
Διατηρούν γνώση.

Οι θεσμοί δεν παραμένουν υγιείς χωρίς καλλιέργεια -
και μερικές φορές αυτό απαιτεί ελεγχόμενη ανανέωση.

Όπως και τα άτομα, είναι ευάλωτοι σε δυσλειτουργία
και παρωχητικότητα.

Η εξουσία συσσωρεύεται.
Οι προθέσεις μεταβάλλονται.

Σταδιακά, τα συστήματα που σχεδιάστηκαν για να υπηρετούν την
κοινωνία αρχίζουν να υπηρετούν τον εαυτό τους.

Η ιστορία προσφέρει πολλά παραδείγματα.

Αυτοκρατορίες που ξεκίνησαν ως φύλακες της τάξης έγιναν
μηχανισμοί εκμετάλλευσης.

Κυβερνήσεις που δημιουργήθηκαν για να προστατεύουν τους
πολίτες έχουν γίνει γραφειοκρατίες που προστατεύουν τη δική
τους εξουσία.

Αγορές που σχεδιάστηκαν για να δημιουργούν ευημερία έγιναν
μηχανισμοί συγκέντρωσης πλούτου και επιρροής.

Η μεταμόρφωση συμβαίνει αργά... σχεδόν ανεπαίσθητα.

Οι κανόνες επεκτείνονται και παρεισφρέουν.
Η εξουσία συγκεντρώνεται.

Η λογοδοσία διαβρώνεται.

Ο θεσμός που κάποτε υπηρετούσε την κοινωνία
αρχίζει να την καταναλώνει.

Μεγάλο μέρος αυτής της διαστρέβλωσης προκύπτει από ένα
βαθύτερο χαρακτηριστικό της ανθρώπινης φύσης.

Οι άνθρωποι σπάνια μένουν ικανοποιημένοι με το αρκετό.

Επιδιώκουμε το περισσότερο.

Περισσότερο πλούτο.
Περισσότερη επιρροή.
Περισσότερη ασφάλεια.
Περισσότερο έλεγχο.

Ο Βουδισμός προσφέρει μια εντυπωσιακή μεταφορά.

Το Πεινασμένο Φάντασμα.

Ένα ον με τεράστια όρεξη -
και έναν λαιμό πολύ στενό για να την ικανοποιήσει.

Όσο κι αν καταναλώνει, παραμένει πεινασμένο.

Αυτή είναι η φύση της ανεξέλεγκτης επιθυμίας.

Ένας βουδιστής δάσκαλος περιέγραψε κάποτε την επιθυμία στους
μαθητές του.

Σήκωσε ένα φλιτζάνι τσάι και τους ρώτησε τι θα συνέβαινε αν
γέμιζε πέρα από το χείλος του.
Το τσάι θα χυνόταν και θα χανόταν.

Έτσι είναι και με την ανθρώπινη επιθυμία.

Το αρκετό συντηρεί τη ζωή.
Το υπερβολικό αρχίζει να την καταναλώνει.

Όταν άτομα που καθοδηγούνται από αυτή την πείνα αποκτούν
επιρροή μέσα στους θεσμούς, η καταστροφή ακολουθεί.

Το σύστημα αρχίζει να αντανακλά τις επιθυμίες εκείνων που
το ελέγχουν.

Οι πολιτικές μετατοπίζονται προς τη συσσώρευση.
Οι αποφάσεις δίνουν προτεραιότητα στη διατήρηση της εξουσίας.

Οι θεσμοί μετατρέπονται από φύλακες σε θηρευτές.

Αυτό το μοτίβο εμφανίζεται σε πολιτικά,
οικονομικά και πολιτισμικά συστήματα.

Η ιδεολογία μπορεί να διαφέρει - ο μηχανισμός είναι ο ίδιος.

Τα συστήματα που χάνουν τη σύνδεση με τους ανθρώπους που
δημιουργήθηκαν να υπηρετούν, τελικά αρχίζουν να τους
κατασπαράζουν.

Γι' αυτό οι υγιείς πολιτισμοί πρέπει διαρκώς να επανεξετάζουν και
να επαναφέρουν την ισορροπία ανάμεσα στην εξουσία των θεσμών
και τον κοινωνικό σκοπό.

Οι θεσμοί πρέπει να παραμένουν υπόλογοι στις κοινωνίες που τους δημιούργησαν.

Και οι πολίτες μέσα σε αυτές τις κοινωνίες πρέπει να παραμένουν σε εγρήγορση.

Οι θεσμοί δεν διαφθείρονται μόνοι τους.

Αντανακλούν τις αξίες, τις επιθυμίες και την ωριμότητα των ανθρώπων που τους διοικούν.

Όταν τα άτομα επιδιώκουν εξουσία χωρίς εγκράτεια, τα συστήματα που δημιουργούν καθρεφτίζουν αυτή την ανισορροπία.

Όταν οι θεσμοί παραμένουν αγκυρωμένοι στην ευθύνη και την υπηρεσία, στηρίζουν κοινωνίες για γενιές.

Το ερώτημα που κάθε πολιτισμός πρέπει να αντιμετωπίσει είναι απλό:

Οι θεσμοί του υπηρετούν τους ανθρώπους;

Ή τρέφονται από αυτούς;

ΚΛΗΡΟΝΟΜΙΑ ΚΑΙ ΣΥΝΕΧΕΙΑ

«Οι άνθρωποι είναι παγιδευμένοι στην ιστορία και η ιστορία είναι παγιδευμένη μέσα τους.» - Τζέιμς Μπάλντουιν.

Κάθε πολιτισμός ζει μέσα σε ένα μεγαλύτερο ρεύμα χρόνου.

Τα άτομα είναι προσωρινά.
Οι γενιές περνούν.

Αλλά οι ιδέες, οι αξίες και οι θεσμοί προχωρούν προς τα εμπρός.

Η κληρονομιά είναι ο μηχανισμός μέσω του οποίου συμβαίνει αυτή η μετάδοση.

Μέρος αυτού που κληρονομούμε είναι υλικό.

Πόλεις.
Τεχνολογία.
Τέχνη.
Επιστημονική γνώση που συσσωρεύτηκε μέσα στους αιώνες.

Αλλά μεγάλο μέρος αυτού που κληρονομούμε είναι άυλο.

Ιστορίες.
Έθιμα.
Πεποιθήσεις για το σωστό και το λάθος.
Υποθέσεις για το πώς πρέπει να λειτουργεί η κοινωνία.

Αυτά μεταβιβάζονται από τη μία γενιά στην άλλη.

Από γονείς σε παιδιά.
Από δασκάλους σε μαθητές.
Από κοινότητες σε εκείνους που μεγαλώνουν μέσα σε αυτές.

Κάθε γενιά λαμβάνει επομένως δύο κληρονομιές.

Σοφία.
Και σφάλμα.

Αυτό που κληρονομούμε δεν είναι μόνο γνώση - αλλά και η σοφία
με την οποία οι προηγούμενες γενιές τη χρησιμοποίησαν.

Ή απέτυχαν να τη χρησιμοποιήσουν.

Γιατί η γνώση από μόνη της δεν εγγυάται την ωριμότητα.

Μια κοινωνία μπορεί να γίνει τεχνολογικά προηγμένη ενώ
παραμένει ηθικά συγχυσμένη.

Και αυτό μας φέρνει στο ερώτημα της κληρονομιάς.

Αυτό που επιβιώνει από εμάς δεν είναι μόνο αυτό που χτίζουμε.

Είναι αυτό που μεταδίδουμε.

Τις αξίες που περνάμε.
Τις συνήθειες που κανονικοποιούμε.
Τη σοφία - ή την άγνοια - που μεταφέρουμε προς τα εμπρός.

Κάθε γενιά διαμορφώνει την κληρονομιά της επόμενης.

Μερικές φορές συνειδητά.

Μερικές φορές ασυνείδητα.

Τα παιδιά απορροφούν πολύ περισσότερα από αυτά που οι
ενήλικες ισχυρίζονται ότι τους διδάσκουν.

Απορροφούν πώς ασκείται η εξουσία.
Πώς διαχειρίζεται η σύγκρουση.
Πώς αναλαμβάνεται - ή αποφεύγεται - η ευθύνη.

Κληρονομούν όχι μόνο γνώση, αλλά χαρακτήρα.

Και με τον χρόνο, αυτά τα αποτυπώματα συσσωρεύονται.

Ένας πολιτισμός γίνεται έτσι η έκφραση των αξιών που
επαναλαμβάνονται μέσα στις γενιές.

Όταν αυτές οι αξίες δίνουν έμφαση στην ευθύνη, την πειθαρχία και
τη συνεργασία, οι κοινωνίες τείνουν να ευημερούν.

Όταν ανταμείβουν τον εγωισμό, την υπερβολή και το
βραχυπρόθεσμο όφελος, το αποτέλεσμα είναι δυσλειτουργία.

Η κληρονομιά δεν είναι ανάμνηση.
Είναι συνέχεια.

Η μετάδοση προτύπων που διαμορφώνουν το μέλλον πολύ μετά
την αποχώρηση των ατόμων.

Το ερώτημα που κάθε γενιά πρέπει τελικά να αντιμετωπίσει
είναι απλό.

Τι μεταφέρουμε προς τα εμπρός;

Και τι θα απομείνει από εμάς όταν δεν θα είμαστε πια εδώ;

Ένα πράγμα είναι βέβαιο:

Το πραγματικό μέτρο της κληρονομιάς δεν είναι ο πλούτος που
αφήνεται πίσω -
αλλά οι ζωές που έχουν γίνει πλουσιότερες.

ΓΝΩΣΗ ΚΑΙ ΣΟΦΙΑ

Ο ανθρώπινος πολιτισμός δεν έχει ποτέ κατέχει περισσότερη
γνώση απ' ό,τι σήμερα.

Βιβλιοθήκες που κάποτε ήταν προσβάσιμες μόνο σε μελετητές,
τώρα χωρούν μέσα σε μια συσκευή που βρίσκεται στην τσέπη.

Η επιστημονική ανακάλυψη συνεχίζει να επιταχύνεται - και πλέον
μπορούμε όλοι να παρακολουθούμε τα ευρήματά της.

Η πληροφορία ταξιδεύει άμεσα ανάμεσα σε ηπείρους,
συσσωρευόμενη σε κλίμακα που οι προηγούμενες γενιές δεν θα
μπορούσαν να φανταστούν.

Με πολλούς τρόπους, η ανθρωπότητα δεν ήταν ποτέ
πιο ενημερωμένη.

Κι όμως, κάτι ουσιώδες παραμένει σπάνιο.

Η σοφία.

Η γνώση μας λέει πώς λειτουργούν τα πράγματα.
Η σοφία ρωτά πώς πρέπει να χρησιμοποιηθούν.

Η γνώση δημιουργεί ισχυρά εργαλεία.
Η σοφία καθορίζει αν αυτά τα εργαλεία υπηρετούν την
ανθρωπότητα - ή τη βλάπτουν.

Όταν η γνώση αυξάνεται πιο γρήγορα από τη σοφία, η
ανισορροπία γίνεται επικίνδυνη.

Η πληροφορία υπερφορτώνει.
Η κρίση αποδυναμώνεται.

Οι κοινωνίες γίνονται ολοένα και πιο ικανές να επιλύουν τεχνικά
προβλήματα - ενώ δυσκολεύονται να επιλύσουν ανθρώπινα.

Το πρόβλημα δεν είναι η ίδια η γνώση.

Η γνώση είναι απαραίτητη.

Η επιστημονική ανακάλυψη έχει μεταμορφώσει την ανθρώπινη
ζωή με εξαιρετικούς τρόπους.

Η ιατρική έχει παρατείνει το προσδόκιμο ζωής.
Η μηχανική έχει αναδιαμορφώσει τις πόλεις.
Η τεχνολογία έχει συνδέσει τον κόσμο.

Αλλά η γνώση χωρίς σοφία στερείται κατεύθυνσης.

Παράγει ικανότητα χωρίς διάκριση.

Και η ικανότητα χωρίς διάκριση είναι ένας από τους μεγαλύτερους
κινδύνους για έναν πολιτισμό.

Η σοφία απαιτεί κάτι που η γνώση από μόνη της δεν μπορεί να
προσφέρει.

Εμπειρία.
Στοχασμό.
Ταπεινότητα.
Την αναγνώριση των ορίων.

Η σοφία αποκτάται αργά.

Αναπτύσσεται μέσα από αποτυχία, ευθύνη και την παρατήρηση
των συνεπειών στον χρόνο.

Γι' αυτό οι πολιτισμοί παραδοσιακά έδιναν τόσο μεγάλη αξία στους
πρεσβύτερους, στους φιλοσόφους και στους δασκάλους.

Όχι επειδή κατείχαν περισσότερη πληροφορία - αλλά επειδή
διέθεταν βαθύτερη οπτική.

Η σύγχρονη κουλτούρα συχνά αντιστρέφει αυτό το σχήμα.

Εξυμνεί το νέο.
Ανταμείβει την ταχύτητα.
Αναδεικνύει εκείνους που αποκτούν επιρροή γρήγορα -
ακόμη κι όταν η κρίση τους παραμένει αδοκίμαστη.

Το αποτέλεσμα είναι ένα παράδοξο.

Οι άνθρωποι που είναι ικανοί να δημιουργούν ισχυρά εργαλεία δεν
είναι πάντα οι καταλληλότεροι να κρίνουν αν πρέπει να υπάρχουν.

Η γνώση δημιούργησε τα εργαλεία.

Η σοφία ήρθε αργότερα -
συχνά αφού οι συνέπειες έγιναν ορατές.

Και αυτό μας φέρνει στο πιο σημαντικό ερώτημα:

Ποιος πρέπει να ηγείται ενός πολιτισμού που διαθέτει τεράστια
γνώση και ισχύ -
αλλά αβέβαιη σοφία και εγκράτεια;

Η ηγεσία απαιτεί κάτι περισσότερο από ευφυΐα.
Απαιτεί διάκριση.

Την ικανότητα να αναγνωρίζεις ποια γνώση έχει σημασία,
ποια φωνή αξίζει εμπιστοσύνη -
και ποια μονοπάτια οδηγούν σε μακροπρόθεσμη ευημερία αντί για
βραχυπρόθεσμο όφελος.

Μια κοινωνία που εμπιστεύεται την εξουσία σε εκείνους που
διαθέτουν γνώση αλλά στερούνται σοφίας γίνεται ασταθής.

Μια κοινωνία που εκτιμά τη σοφία αλλά απορρίπτει τη γνώση
γίνεται στάσιμη.

Η υγεία ενός πολιτισμού εξαρτάται επομένως από την ενοποίηση
και των δύο.

Χρειαζόμαστε γνώση.
Τη σοφία να τη χρησιμοποιούμε σωστά -
και τη διάκριση να εμπιστευόμαστε την εξουσία μόνο σε εκείνους
που διαθέτουν και τα δύο.

Αλλά η γνώση και η σοφία, με όλη τους τη δύναμη, μπορούν να
μας πάνε μέχρι ένα σημείο.

Στην άκρη αυτού που γνωρίζουμε...
κάτι άλλο αρχίζει.

ΕΠΙΣΤΗΜΗ ΚΑΙ ΠΝΕΥΜΑΤΙΚΟΤΗΤΑ

Για αιώνες, η επιστήμη και η πνευματικότητα παρουσιάζονταν
ως εχθροί.

Η μία ασχολείται με την απόδειξη.

Η άλλη με την πίστη.

Η μία μετρά αυτό που είναι ορατό.
Η άλλη αισθάνεται αυτό που δεν είναι.

Αλλά αυτή η σύγκρουση είναι παρανόηση -
και μάλιστα δαπανηρή.

Δεν είναι αντίπαλοι.

Είναι δύο διαφορετικά όργανα που ακούν
για το ίδιο σήμα.

Η επιστήμη προχωρά σηκώνοντας το πέπλο -
μετρώντας, χαρτογραφώντας, αποδεικνύοντας αυτό που κάποτε
ήταν μυστήριο.

Αλλά το πέπλο δεν εξαφανίζεται ποτέ.

Κάθε απάντηση αποκαλύπτει ένα βαθύτερο ερώτημα.
Όσο πιο μακριά φτάνει η επιστήμη, τόσο πιο απέραντο γίνεται
το άγνωστο.

Αυτό δεν είναι αποτυχία της επιστήμης.

Είναι η πιο ειλικρινής της διαπίστωση.

Και είναι ακριβώς εκεί όπου αρχίζει η πνευματικότητα.

Ο Αϊνστάιν το κατανόησε αυτό.

Δεν μιλούσε για τον Θεό με την συμβατική έννοια.
Μιλούσε για το μυστήριο.

Για το κοσμικό θρησκευτικό συναίσθημα - την αίσθηση δέους
μπροστά σε ένα σύμπαν πολύ απέραντο και οργανωμένο για να
είναι τυχαίο.

Πίστευε ότι το πιο όμορφο συναίσθημα που μπορεί να βιώσει ένας
άνθρωπος ήταν η αίσθηση του μυστηρίου.

Ότι ήταν η πηγή κάθε αληθινής επιστήμης.

Και κάθε αληθινής τέχνης.

Ο Αϊνστάιν στεκόταν μπροστά στο πέπλο και αισθανόταν αυτό
που βρισκόταν πίσω του -
όχι με όργανα, αλλά με θαυμασμό.

Ο Βούδας στεκόταν μπροστά στο ίδιο πέπλο.

Αλλά το προσέγγισε διαφορετικά.

Δεν θεωρητικολογούσε για το σύμπαν.

Στράφηκε προς τα μέσα - και παρατηρούσε τον νου με την ίδια
αυστηρότητα που εφαρμόζει ένας επιστήμονας στον
φυσικό κόσμο.

Κάθισε. Παρατήρησε. Δες μόνος σου.

Χωρίς δόγμα.
Χωρίς απαίτηση πίστης.
Μόνο προσοχή.

Αυτό που βρήκε δεν ήταν ένας θεός.
Δεν ήταν ανταμοιβή.
Δεν ήταν ένα σύνολο κανόνων.

Βρήκε ότι κάτω από τον θόρυβο της σκέψης, κάτω από το βάρος
του εγώ, του φόβου και της επιθυμίας - κάτι άλλο υπάρχει.

Κάτι ήσυχο.
Κάτι απέραντο.
Κάτι που νιώθεται, αναμφισβήτητα, σαν σύνδεση.

Η επιστήμη αρχίζει να το αισθάνεται κι αυτή.

Στις αρχές του εικοστού αιώνα, οι φυσικοί έκαναν μια ανακάλυψη
τόσο παράξενη που ανησύχησε ακόμη και αυτούς που την έκαναν.

Δύο σωματίδια, μόλις συνδεθούν, παραμένουν συνδεδεμένα -
σε οποιαδήποτε απόσταση.

Άμεσα.

Χωρίς κανέναν ορατό μηχανισμό.

Ο Αϊνστάιν το ονόμασε τρομακτική δράση εξ αποστάσεως.

Τον ανησύχησε βαθιά.

Γιατί υπονοούσε κάτι που ο λόγος μόνος του δεν μπορούσε να
φιλοξενήσει.
Ότι η χωριστικότητα - η θεμελιώδης παραδοχή του φυσικού
κόσμου - μπορεί, σε κάποιο επίπεδο, να είναι μια ψευδαίσθηση.

Αυτό ακριβώς είχε πει ο Βούδας.

Εικοσιπέντε αιώνες νωρίτερα.

Χωρίς εργαστήριο.
Χωρίς όργανα.

Μέσα από τίποτα άλλο παρά από συνεχή, πειθαρχημένη προσοχή
στη φύση της πραγματικότητας.

Ο επιστήμονας και ο μυστικιστής δεν ξεκίνησαν για να βρουν
το ίδιο πράγμα.

Δεν έθεταν καν την ίδια ερώτηση.

Κι όμως - στα όρια αυτού που ο καθένας μπορούσε να φτάσει -
κατέληξαν στο ίδιο σύνορο.

Το ίδιο πέπλο.
Την ίδια τρέμουσα αίσθηση ότι αυτό που βρίσκεται πίσω του δεν
είναι κενό.
Δεν είναι τυχαιότητα.

Δεν είναι αδιαφορία.
Αλλά κάτι που συνδέει.
Κάτι που συγκρατεί.

Κάθε στοχαστική παράδοση που έχει πάει αρκετά βαθιά έχει
επιστρέψει με την ίδια αναφορά.

Ο Σούφι και ο Γιόγκι.
Ο Χριστιανός άγιος στην προσευχή.
Ο Βουδιστής δάσκαλος στην ησυχία.
Ο φιλόσοφος στη σπηλιά.

Δεν μιλούσαν όλοι την ίδια γλώσσα.
Δεν μοιράζονταν το ίδιο δόγμα.
Αλλά περιέγραφαν την ίδια εμπειρία.

Κάτω από τη χωριστικότητα - υπάρχει ενότητα.
Κάτω από τον φόβο - υπάρχει ειρήνη.
Κάτω από τον θόρυβο - υπάρχει σιωπή.

Και μέσα σε αυτή τη σιωπή -
υπάρχει κάτι που μπορεί να περιγραφεί μόνο ως αγάπη.

Όχι ρομαντική αγάπη.

Όχι η αγάπη που ανεβοκατεβαίνει με τις περιστάσεις.

Κάτι αρχαιότερο.

Κάτι που δεν απαιτεί λόγο - ούτε αποδέκτη.

Μια αγάπη που δεν είναι συναίσθημα αλλά κατάσταση.

Το έδαφος των πάντων.

Οι Βουδιστές το αποκαλούν συμπόνια -
αλλά στην πιο βαθιά της μορφή δεν είναι οίκτος για τον πόνο.

Είναι η αναγνώριση ότι κάθε πόνος προκύπτει από
την ίδια πηγή.

Τον διαχωρισμό.

Την ψευδαίσθηση ότι είμαστε μόνοι.

Ότι είμαστε ξεχωριστοί.

Ότι αυτό που συμβαίνει σε έναν άλλο δεν μας συμβαίνει κι εμάς.

Η επιστήμη αποκαλεί το αντίθετο αυτού εμπλοκή.

Η πνευματικότητα το αποκαλεί χάρη.

Κάθε παράδοση το αποκαλεί κάτι διαφορετικό.

Αλλά πίσω από κάθε όνομα - το ίδιο πέπλο.
Και πίσω από το πέπλο - το ίδιο φως.

ΤΟ ΕΔΑΦΟΣ ΤΩΝ ΠΑΝΤΩΝ

Δεν ήξερα τι έγραφα όταν άρχισα.

Νόμιζα ότι έγραφα για την ένταση.

Για τον χώρο ανάμεσα σε αντίθετες δυνάμεις - και πώς να τον
διανύεις χωρίς να καταναλωθείς.

Αυτό ήθελα να εξερευνήσω.

Αλλά κάπου ανάμεσα στη Γνώση και τη Σοφία... κάτι άλλαξε.
Οι τρίχες σηκώθηκαν.
Οι αισθήσεις ανάφτηκαν.

Άρχισα να βλέπω ότι οι εντάσεις δεν ήταν το θέμα.

Ήταν η επιφάνεια.

Κάτω από κάθε αντίθεση - φόβος και ελπίδα, λόγος και διαίσθηση,
ισχύς και εγκράτεια - κάτι άλλο ήταν παρόν.

Το ίδιο έδαφος.

Η ίδια πηγή.

Αυτό που οι μυστικιστές βρήκαν στη σιωπή.
Αυτό που οι φυσικοί βρήκαν στα όρια της ύλης.
Αυτό που κάθε άνθρωπος αγγίζει στις πιο βαθιές στιγμές αγάπης,
θλίψης ή θαυμασμού.

Δεν ζούμε ανάμεσα σε αντιθέσεις.

Ζούμε μέσα σε μια ολότητα που μας εμφανίζεται ως αντιθέσεις -
γιατί δεν είμαστε ακόμη αρκετά ήσυχοι για να δούμε την ενότητα.

Ο καθένας μας περιέχει το έδαφος των πάντων.

Και έτσι, το έργο, όπως πάντα, αρχίζει από εμάς -
Αργά, με καλοσύνη και επίγνωση...
η πειθαρχία της ενοποίησης.

ΣΗΜΕΙΩΣΕΙΣ

Οι παρακάτω πηγές ενημέρωσαν ή ενέπνευσαν αποσπάσματα
αυτού του βιβλίου.
Προσφέρονται σε εκείνους που επιθυμούν να εμβαθύνουν.
Με σειρά εμφάνισης:

Αριστοτέλης - Ηθικά Νικομάχεια.
Το θεμελιώδες κείμενο της δυτικής ηθικής φιλοσοφίας, γραμμένο τον
τέταρτο αιώνα π.Χ. Κατανόησε την ενοποίηση πριν υπάρξει η λέξη.

Σαίξπηρ - Όλος ο κόσμος είναι μια σκηνή, Όπως σας αρέσει.
Η φράση που έδωσε σε έναν νεαρό Ελληνο-Αυστραλό το σπαθί και την
ασπίδα που χρειαζόταν για να διανύσει έναν επικίνδυνο κόσμο.

Βουδιστική σοφία - Ο εχθρός σου είναι ο μεγαλύτερος δάσκαλός σου.
Μια κεντρική διδασκαλία του Θιβετιανού Βουδισμού, που αποδίδεται σε
διάφορους δασκάλους ανά τους αιώνες. Τα πιο δύσκολα μαθήματα είναι
τα πιο χρήσιμα.

Όμηρος - Οδύσσεια.
Η παλαιότερη ιστορία ενός ανθρώπου που προσπαθεί να βρει τον δρόμο
του σπίτι μέσα από δυνάμεις που θέλουν να τον καταναλώσουν. Διέσχισε
τα πιο στενά περάσματα, τον ίδιο τον Άδη και θεόσταλτες καταιγίδες για
να τιμήσει τον όρκο του.

Nick Cave - O'Malley's Bar, από το Murder Ballads, 1996.
Ένας συγκλονιστικός στοχασμός για την ελεύθερη βούληση και την
ηθική ευθύνη. Αν είμαστε μόνο προϊόντα των αιτιών μας, πώς μπορούμε
να θεωρηθούμε υπεύθυνοι;
Μια ερώτηση χωρίς απάντηση;

Αίσωπος - Μύθοι, έκτος αιώνας π.Χ.

Η παλαιότερη παράδοση σοφίας στον δυτικό κόσμο, που μεταδόθηκε
προφορικά πριν γραφτεί ποτέ. Ένας ταξιδιώτης σε ένα δάσος. Φόβος,
ελπίδα και ένα ελάφι.
Οι απλούστερες ιστορίες περιέχουν τις βαθύτερες αλήθειες.

Φρίντριχ Νίτσε - Τάδε έφη Ζαρατούστρα και
Πέραν του Καλού και του Κακού.
Ο πιο παρεξηγημένος φιλόσοφος της σύγχρονης εποχής.
Ο Νίτσε δεν εξυμνούσε την ισχύ - απαιτούσε η ισχύς να κερδηθεί μέσα
από την αυτοκυριαρχία. Όποιος δεν μπορεί να εξουσιάσει τον εαυτό του,
πρέπει να υπακούει.
Ένας αντιφρονών που προειδοποιούσε όταν η άνεση γίνεται συμβιβασμός.

Όμηρος - Ιλιάδα.
Η παλαιότερη ιστορία οργής και των συνεπειών της. Ο Αχιλλέας, ο
μεγαλύτερος πολεμιστής που έζησε ποτέ, δεν καταστράφηκε από έναν
εχθρό αλλά από τον δικό του θυμό.
Κι όμως, ακόμη κι εκείνος βρήκε έλεος. Η Ιλιάδα δεν είναι ιστορία
πολέμου. Είναι ιστορία για το τι κοστίζει ο πόλεμος στην
ανθρώπινη ψυχή.

Bruce Springsteen - Hungry Heart, από το The River, 1980.
Ένα τραγούδι για έναν άνθρωπο που βγήκε για μια βόλτα και δεν γύρισε
ποτέ πίσω. Ο Σπρίνγκστιν κατανόησε αυτό που οι Βουδιστές γνώριζαν
εδώ και αιώνες - ότι η ανεξέλεγκτη επιθυμία καταναλώνει τα πάντα που
ήταν ορισμένη να προστατεύσει. Συμπεριλαμβανομένης της αγάπης.

Αριστοτέλης - Πολιτικά.
Ένας άνθρωπος που δεν μπορεί να κυβερνήσει τον εαυτό του θα
κυβερνηθεί τελικά από άλλους. Το θεμέλιο κάθε λειτουργικής
δημοκρατίας που χτίστηκε ποτέ.
Δύο χιλιάδες χρόνια αργότερα, εξακολουθούμε να το μαθαίνουμε αυτό.

Μάρκος Αυρήλιος - Στοχασμοί.
Το προσωπικό ημερολόγιο ενός Ρωμαίου Αυτοκράτορα που δεν σκόπευε
ποτέ να διαβαστεί. Το πιο ειλικρινές βιβλίο που γράφτηκε ποτέ από
κάποιον στην εξουσία.
Ό,τι βλάπτει την κυψέλη, βλάπτει και τη μέλισσα.
Κατανόησε ότι η ηγεσία είναι αδιαχώριστη από την υπηρεσία.

Βουδιστική κοσμολογία - Το Πεινασμένο Φάντασμα.
Ένα ον με τεράστια όρεξη και έναν λαιμό πολύ στενό για να την
ικανοποιήσει. Η πιο ακριβής μεταφορά που συνελήφθη ποτέ για την
ανεξέλεγκτη ανθρώπινη επιθυμία. Εμφανίζεται στους θεσμούς, στις
αγορές, στην πολιτική -
και σε κάθε έναν από εμάς, αν δεν δίνουμε προσοχή.

Τζέιμς Μπάλντουιν - Notes of a Native Son και συλλεγμένα δοκίμια.
Ο πιο ειλικρινής Αμερικανός συγγραφέας του εικοστού αιώνα.
Οι άνθρωποι είναι παγιδευμένοι στην ιστορία και η ιστορία είναι
παγιδευμένη μέσα τους.
Ο Μπάλντουιν κατανόησε ότι το παρελθόν δεν περνά ποτέ -
ζει στο σώμα, στον πολιτισμό, στη σιωπή ανάμεσα στις γενιές.

Άλμπερτ Αϊνστάιν - Ιδέες και Απόψεις και διάφορες δημοσιευμένες
επιστολές και συνεντεύξεις.
Ο πιο διάσημος επιστήμονας της σύγχρονης εποχής πίστευε ότι το πιο
όμορφο συναίσθημα που μπορεί να βιώσει ένας άνθρωπος ήταν η αίσθηση
του μυστηρίου. Το αποκαλούσε πηγή κάθε αληθινής επιστήμης και κάθε
αληθινής τέχνης.
Ένας άνθρωπος του λόγου που δεν έχασε ποτέ την αίσθηση του
θαυμασμού - γι' αυτό τον τιμώ και ως αληθινό καλλιτέχνη.

Σιντάρτα Γκαουτάμα - ο Βούδας, πέμπτος αιώνας π.Χ.
Δεν ζήτησε από κανέναν να πιστέψει. Είπε: κάθισε, παρατήρησε, δες
μόνος σου. Η πιο επιστημονική οδηγία που δόθηκε ποτέ από πνευματικό
δάσκαλο. Αυτό που βρήκε στα όρια της ανθρώπινης συνείδησης, οι
φυσικοί μόλις τώρα αρχίζουν να το αισθάνονται στα όρια της ύλης.

Διάφοροι φυσικοί - Κβαντική εμπλοκή.
Αποδείχθηκε πειραματικά για πρώτη φορά από τον Αλέν Ασπέ το 1982,
βασιζόμενος στη θεωρητική εργασία των Αϊνστάιν, Ποντόλσκι και Ρόζεν.
Δύο σωματίδια, μόλις συνδεθούν, παραμένουν συνδεδεμένα σε
οποιαδήποτε απόσταση. Άμεσα. Χωρίς κανέναν ορατό μηχανισμό. Ο
Αϊνστάιν το αποκαλούσε τρομακτική δράση εξ αποστάσεως και τον
ανησυχούσε βαθιά.
Δεν έπρεπε. Ήταν απλώς το σύμπαν που επιβεβαίωνε αυτό που οι
μυστικιστές πάντοτε γνώριζαν.

Πλάτων - Συμπόσιο, τέταρτος αιώνας π.Χ.
Η παλαιότερη φιλοσοφική εξερεύνηση της αγάπης ως κάτι που
υπερβαίνει το προσωπικό - μια κατάσταση ύπαρξης και όχι ένα
συναίσθημα προς ένα αντικείμενο. Γραμμένο δυόμισι χιλιάδες χρόνια
πριν. Ακόμη αξεπέραστο.